Le Roman des Glières

La résistance des républicains espagnols au plateau des Glières

Les maquis espagnols en Haute-Savoie, 1941-1944

Véronique Olivares Salou – Michel Reynaud

Le Roman des Glières

La résistance des républicains espagnols au plateau des Glières

Les maquis espagnols en Haute-Savoie, 1941-1944

Avant-propos de Jean-Louis Crémieux-Brilhac

Ouvrage publié avec le soutien
du Conseil général de Haute-Savoie

Éditions Tirésias

Collection : « Ces oubliés de l'Histoire »
dirigée par Michel Reynaud

Michel Reynaud a publié :

Aux Éditions Tirésias
Les Bibelforscher et le nazisme, ces oubliés de l'Histoire, 1990 (sous le pseudonyme de Léo Tristan)
Sommons le somme du sommeil, 1993
Matthieu Terre, 1994
Paul, 1998
La Foire à l'Homme, 1996
Homocrène suivi de la lettre à K ou l'Insouciante Inconnue, 2001
Elles et Eux de la Résistance : pourquoi leur engagement ?, en collaboration avec Caroline Langlois, 2003
Une seule pensée : Liberté, 2004
Elles et Eux et l'Algérie, 2004
Elles et Eux et la déportation, en collaboration avec Caroline Langlois, 2005

À paraître
Elles et Eux et la chanson, en collaboration avec Véronique Olivares Salou
L'enfant de la rue et la dame du siècle de Michel Reynaud – portrait et entretiens avec Germaine Tillion

Véronique Olivares Salou a publié

Aux Éditions Tirésias :
Les Républicains espagnols au camp nazi de Mauthausen, le devoir collectif de survivre (bilingue espagnol/français), 2005 en collaboration avec Pierre Salou
Vieux Compagnons dont la jeunesse est à la douane, 2006

À paraître
Elles et Eux et la chanson, en collaboration avec Michel Reynaud

www.editions-tiresias.tk
ISBN 9782915293432

SOMMAIRE

J'ai lu la version de votre *Roman des Glières*, incomparable, riche de détails ignorés...

Paris, le 27 février 2007

Jean-Louis Crémieux-Brilhac

« ... Et quand vous étiez espagnols,
nous vous appelions l'Ebre,
du nom de votre dernière bataille... »[1]

AVERTISSEMENT

Ce livre est une œuvre de vigiles de la mémoire.

C'est l'épopée des combattants espagnols en Haute-Savoie et notamment ceux qui s'illustrèrent sur le plateau des Glières en ces jours de mars 1944.

Notre propos est de prendre acte de leur présence au côté des maquisards français, et notamment du 27e BCA, et de donner aux Espagnols leur place dans notre histoire.

Les ouvrages publiés jusqu'ici relatant cette période et dans cette région ne font qu'une brève allusion à leur présence. Ce sera ici un complément, un acte de mémoire à ces oubliés de l'histoire.

Comme nous avons eu de nombreuses rencontres et des entretiens avec les quelques témoins survivants, et en main des documents où étaient rapportés des propos des résistants eux-mêmes ou de leurs familles, nous nous sommes autorisés à reproduire leurs propres mots, que nous avons mis entre guillemets.

---

1. André Malraux, discours prononcé le 2 septembre 1973 au plateau des Glières.

REMERCIEMENTS

À Miguel Vera, au général Jean-René Bachelet, à Jacques Golliet, à Alphonse Métral et à tous ces combattants espagnols survivants ou morts qui ont donné leurs plus belles années pour la liberté.

À Jean-Louis Crémieux-Brilhac.

À Marina Aguayo pour son fonds : collection Mariano Aguayo.

Un merci tout particulier à Maria Pablita et Michel Utgé-Royo.

Ce livre témoignage est né d'une volonté farouche de Miguel Vera, fils de Miguel Vera, commandant FFI et chef des maquis espagnols de la Haute-Savoie. Il est vice-président de l'association Amicale de la résistance espagnole.

Miguel Vera tient la promesse faite à son père de s'occuper, après sa mort, de la mémoire des Espagnols.

Il nous a aidés, sinon a été indispensable, à retisser la mémoire historique de ces combattants antifascistes par ses travaux de recherches, par sa propre action de mémoire et par ce qu'il a retenu des récits qui bercèrent son enfance et sa vie d'exilé.

Sans cette aide et sa présence fraternelle, cet ouvrage n'aurait jamais vu le jour.

Il faut rappeler qu'il est à l'origine de la résurgence de l'itinéraire passionnant de ces défenseurs de la liberté sur le sol de France et il a permis cet hommage à ces Espagnols exilés, qui ne purent pas rétablir en Espagne la République qu'ils s'étaient donnée.

Qu'il en soit ici respectueusement remercié.

Nous mettrons aussi ce travail dans la continuité des propos du général (CR) Jean-René Bachelet, président de l'association des Glières : « Républicains espagnols, Français par le sang versé. »

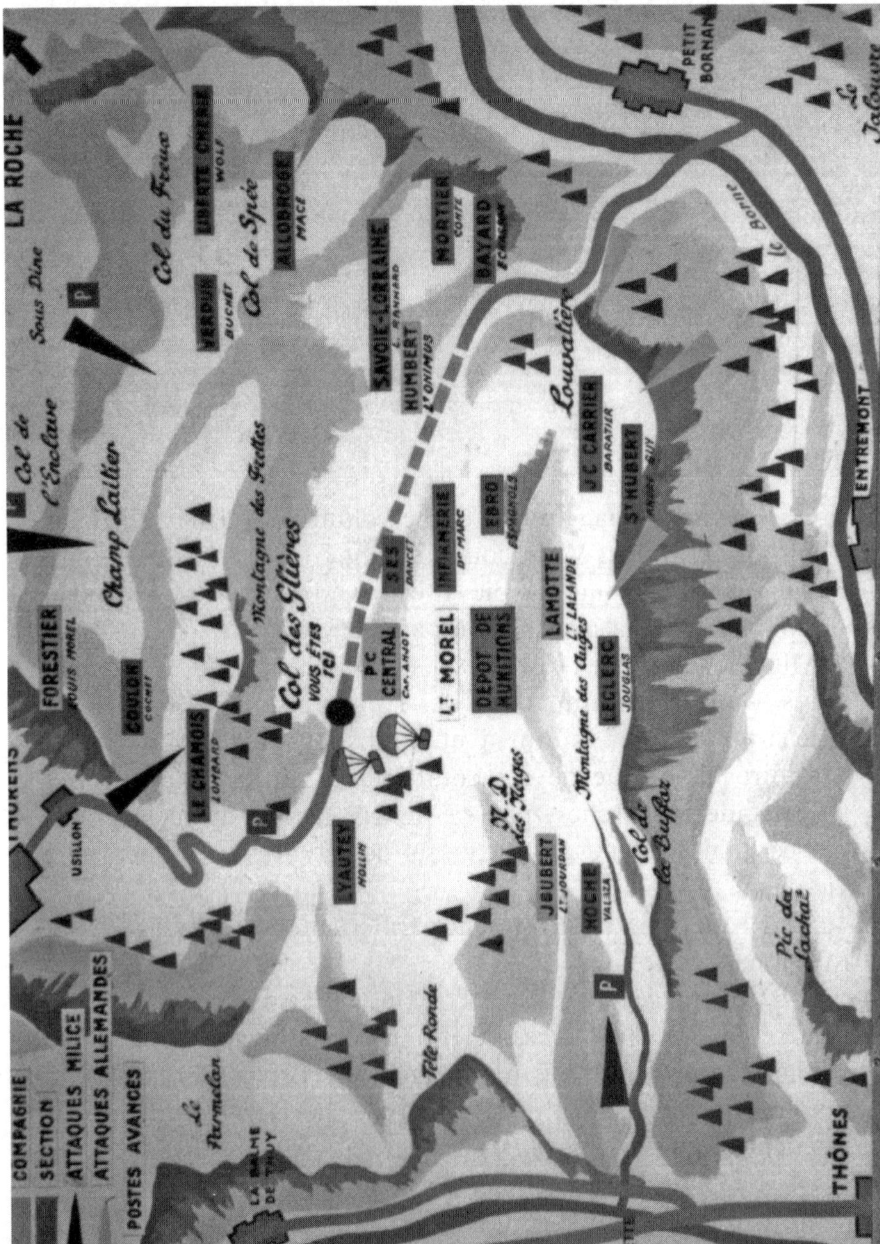

1. Maquis des Glières (1 500 m altitude.) Implantation des sections du bataillon des Glières en mars 1944. La section « renfort de Ebro » se trouvait devant la section « Ebro » en arrivant d'Entremont.

(Source : Conseil général de Haute-Savoie, 2006 et collection association des Glières.)

AVANT-PROPOS

L'engagement militaire des Espagnols dans les armées françaises de 1939 à 1945[1]

La contribution militaire des réfugiés espagnols à la Deuxième Guerre mondiale dans les rangs français est une affaire d'une tout autre ampleur. On peut la suivre pendant six ans. Elle a été marquée de drames, de souffrances, de révoltes et d'héroïsme.

Dès les premiers jours de février 1939, l'attaché militaire français auprès du gouvernement républicain espagnol, le colonel Morel avait cherché à appeler l'attention de Daladier, sur la valeur militaire que constituaient « les unités survivantes de l'armée vaincue » (...) « Dans l'état actuel de la situation internationale (...) quelques milliers de "tirailleurs ibériques" méritent qu'on ne les méprisent pas. Ces tirailleurs ne sont à aucun degré marxistes ; le fussent-ils, je me demande pourquoi, avec les précautions nécessaires, on n'utiliserait pas des marxistes comme on utilise des musulmans... Devant l'intérêt national, rien n'a le droit de compter : je supplie que l'on

1. Jean-Louis Crémieux-Brilhac leur rend hommage, dans une communication intitulée « L'engagement militaire des Italiens et des Espagnols dans les armées françaises », publiée dans l'ouvrage, sous la direction de René Milza et Denis Pechanski, *Éxils et migration italienne et espagnole en France de 1938 à 1946*, L'Harmattan, 1994.

considère qu'en février 1939, nous ne pouvons faire fi de l'infanterie d'un Corps d'Armée.» [...] Il s'élevait contre l'absurdité et l'inhumanité du traitement infligé aux officiers espagnols d'Argelès et du Vernet: «Il faut que l'esprit partisan ait troublé toutes les notions de bon sens pour qu'on traite en suspects et qu'on soumette à des vexations policières des officiers qui ont eu le tort de ne pas s'être révoltés, ... d'avoir été vaincus[1]...» [...]

À la fin du printemps 1939 [...] les soldats et miliciens espagnols, réfugiés en France, commencent à être utilisés à certains travaux intéressant la Défense nationale et des compagnies de travailleurs espagnols composées de volontaires sont constituées dans les régions du Midi; ces compagnies comptent 250 hommes répartis en cinq sections [...] 79 compagnies militaires de ce type seront affectées à des travaux d'aménagement des camps ou d'organisation défensive des frontières. [...] À la mobilisation, les 79 compagnies militaires prévues existent, groupant près de 20 000 volontaires.

La déclaration de guerre précipite la mise au travail des réfugiés. Les textes stipulent que tout étranger de sexe masculin de 18 à 47 ans ayant demandé l'asile politique doit des prestations à l'autorité militaire; il a le choix entre l'engagement militaire, la mise au travail avec le statut de prestataire, le maintien en internement ou le départ de France. [...] Fin novembre 1939, leur effectif dans la seule zone des armées s'élève à 20 000 hommes qui aménagent les étapes et consolident la ligne Maginot. [...] Les prestataires peuvent être affectés à d'autres ministères ou à des entreprises. Dès l'été 1939, le ministre du Travail Pomaret en a fait affecter 1 300 aux usines d'aviation Dewoitine, Bréguet, Messier... et 6 000 ou 7 000 ont été placés individuellement dans l'agriculture..., les propriétaires ou entrepreneurs affectataires «ont cru par les farouches communistes»; ils ont découverts, dira Pomaret, «une masse de braves gens». [...]

---

1. SHAT, Espagne, FMA/2.

Le 1er bureau de l'état-major de l'armée précise le 25 avril 1940 qu'à cette date :

« Les 104 000 ex-miliciens espagnols réfugiés en France ont tous été astreints au service des prestations :

– 55 000 ont été organisés en compagnie de travailleurs ;

– 40 000 ont été directement placés par le ministère du Travail dans l'industrie et l'agriculture ;

– 6 000 se sont engagés à la Légion ou dans les régiments de marche de volontaires étrangers ;

– 3 000 inaptes à tout travail ont été maintenus dans les camps. »

[...] En avril 1940, 70 000 républicains espagnols sont intégrés à l'économie française. [...] dès la fin de l'automne 1939, on voit l'administration française pousser les employeurs à donner à ces Espagnols dépendant de l'armée un contrat de travail ordinaire d'ouvrier libre pour soulager l'armée du coût de leur entretien. Leur traitement va arriver à égalité avec celui des ouvriers français. Ceux qui seront ainsi régularisés auront une carte de séjour qui leur permettra de circuler librement (...)

Mais entre temps, l'effondrement français et l'armistice de juin 1940 ont ouvert une nouvelle page dramatique dans l'histoire des Espagnols réfugiés en France. Les plus cruellement frappés sont les 8 000 à 9 000 hommes des compagnies militaires de prestataires maintenus dans la zone des armées.Ils ont été pour la plupart faits prisonniers par les Allemands (...) Considérés comme des « rouges » irréductibles, séparés des autres prisonniers de guerre, ils sont déportés au camp de Mauthausen ou dans ses dépendances [...] Des 7 199 républicains espagnols déportés à Mauthausen, 4 761 y trouvèrent la mort. L'État français témoigne de son côté d'un regain de méfiance pour les réfugiés espagnols.

85 000 ex-prestataires demeuraient en France au lendemain de l'armistice, presque tous en zone non-occupée. Les autorités de Vichy, considérant que la réglementation du temps de guerre ne leur était plus applicable, décidèrent, dès le mois de juillet 1940, qu'ils retrouveraient le statut administratif qui était le leur avant l'entrée en guerre. [...] Les autres redevinrent juridiquement des

internés civils, qui furent soit affectés à des entreprises civiles avec assignation à résidence, soit maintenus en unités de travailleurs, soit renvoyés dans des camps d'internement. [...]

Un nouveau chapitre allait s'ouvrir, celui de la participation militaire espagnole à la résistance extérieure française. [...], elle fut brillante, agitée, coûteuse. Des Espagnols ont participé à tous les combats de la France Libre. (...) Ils sont présents sur tous les champs de batailles d'Afrique et d'Italie, puis – jusqu'à la victoire – à l'avant-garde des armées débarquées en Provence et en Normandie. [...]

Trois unités ou séries d'unités à participation espagnole notable se sont distinguées entre 1940 et 1945 :

La 13e demi-brigade de la Légion étrangère de la France Libre ou 13e DBLE [...]

Les Espagnols des régiments de Légion d'Afrique du Nord. [...]

Les Espagnols du général Leclerc,

Le capitaine Raymond Dronne a consacré, à ces derniers, un superbe chapitre dans ses *Carnets de route* sous le titre *Découverte de la Nueve*[1] [...] La *Nueve*, la compagnie qu'il commandait et qui était principalement composée d'Espagnols, et qui dans la nuit du 23 au 24 août 1944 il fonça, avec ses hommes, sur ordre du général Leclerc vers Paris et atteignit l'Hôtel de Ville [...] Dronne a évoqué magistralement les itinéraires de ses hommes. Il est resté lié aux survivants par une étroite fraternité d'armes. Il leur vouait un souvenir ému e admiratif. [...]

De l'été 1940 au printemps 1945, du Gabon au Tchad, à la Syrie et à l'Arlberg, de la Tunisie à Berchtesgaden, près de 3 500 Républicains espagnols ont combattu dans les rangs français, près d'un millier ont donné leur vie pour la victoire des démocraties : amère victoire pour ceux qui croyaient se battre aussi contre le franquisme. Des morts espagnols reposent avec les morts français à Bir Hakeim comme aux Glières.

Jean-Louis Crémieux-Brilhac

1. Raymond Dronne, Carnets de route d'un croisé de la France Libre, Paris, France-Empire, 1984, p. 249 et sq.

– Combien de vérité supporte, combien de vérité ose un esprit ? C'est ce qui est devenu pour moi, de plus en plus, la véritable mesure des valeurs. L'erreur (la foi en l'idéal) n'est pas de l'aveuglement, l'erreur est de la lâcheté... Chaque conquête, chaque pas en avant dans la connaissance découle du courage, de la dureté envers soi, de la propreté envers soi.

NIETZSCHE

PRÉFACE

Frères de l'oubli, frères tant oubliés, hier vous étiez à notre terre France, à l'instant où le nazi maudissait notre pays. Nous entendions, quand s'égaraient nos pas vers les vertiges des cimes, l'écho de votre part, celle que vous aviez su donner pour que notre sol se guérisse définitivement de la peste brune. Vous avez intenté une intimité fraternelle de liberté à nos doigts noueux d'attente et de crainte. À ceux qui espéraient, comme un Jésus, que la moisson se lève, vous avez dit : « présent ». Combattants de la République depuis de si longues années, vous avez repris un bail avec la liberté qui, pour certains, ne commencera à poindre qu'en l'an 1975.

Là-bas, et ici, le pouvoir voulut vous faire passer ou traduire par les citoyens de notre France comme de « rouges assassins de curés » ou des « violeurs de religieuses » alors que vous vous battiez humblement pour que la République ne meure point sous les coups ignobles, sanguinaires, infects des hommes de main du dictateur Franco. Cette légion de la honte qui annihilait votre chère patrie, votre fille, votre sœur, votre mère adorée, votre père tant chéri, ce sol votre terre, vous en fûtes les transports, l'approvisionnement des villes, transformant des usines pour les besoins de la guerre. Dès lors, le conflit devient général.

La guerre d'Espagne, parce qu'elle est une guerre civile, sera particulièrement meurtrière, surtout lors des grandes batailles de Teruel, Guadalajara ou de l'Ebre.

Une estimation objective dresse aujourd'hui un bilan annonçant :

12 000 soldats morts au combat (pertes militaires directes),

25 000 étrangers (12 000 chez les nationalistes, 13 000 chez les républicains),

15 000 victimes des bombardements aériens dont Guernica,

134 000 victimes d'exécutions durant le conflit,

23 500 exécutions ordonnées par le régime franquiste au lendemain de la guerre.

Ce qui nous conduit à un chiffre de 300 000 victimes, auxquelles il convient d'ajouter environ 630 500 victimes dues à la famine ou aux épidémies entre 1936 et 1943[1].

La guerre d'Espagne prendra officiellement fin le 1er avril 1939, après la reddition de Madrid, le 27 mars 1939.

Dès la chute de Barcelone, le 26 janvier 1939, les populations fuient l'avancée des troupes franquistes et s'agglutinent aux frontières françaises, ce sera la *Retirada* (mouvement des populations espagnoles vers des pays d'accueil dont la France).

En février 1939, la France ouvre sa frontière avec l'Espagne pour permettre aux populations civiles et aux soldats de l'armée de la République, pourchassés par les troupes fascistes, de passer en France. Ils sont environ 500 000 à franchir les divers points frontaliers, du Pays basque aux côtes du Roussillon. Ils sont parqués dans des camps d'internement (que le gouvernement français nommait « camps d'accueil ») sur les plages du Roussillon ou dans des camps disciplinaires pour

---

1. Données réajustées. Avec la fin du régime franquiste, l'école historique espagnole a procédé à de nombreuses études qui ont permis des estimations plus fiables. Patrick Girard « Le bilan de la guerre d'Espagne » *Marianne* le 21/06/2006.

les soldats (Le Vernet d'Ariège, Gurs, Bram...), sans aucune infrastructure d'accueil.

Dès les premiers jours de février, l'attaché militaire français auprès du gouvernement espagnol, le colonel Morel, « avait cherché à appeler l'attention de Daladier sur la valeur du capital militaire que constituaient les unités survivantes de l'armée vaincue[1] ». Il apportera cette analyse sur le sort réservé à ces républicains espagnols : « Les tirailleurs ibériques méritent qu'on ne les méprise pas[2]. » Et il ajoutera : « Je me demande pourquoi, avec les précautions nécessaires, on n'utiliserait pas les marxistes comme on utilise les musulmans[3]. »

Au début de l'été 1939, Il y eut un peu plus de soixante-dix compagnies de travailleurs étrangers[4] constituées à partir des camps du sud de la France. Les membres de ces compagnies ont droit aux mêmes rations que les soldats français, à des permissions et à une solde de 1,50 franc (valeur de l'époque) environ par jour. « 85 000 prestataires demeuraient en France au lendemain de l'armistice. Les autorités de Vichy, considérant que la réglementation du temps de guerre ne leur était plus applicable, décidèrent dès le mois de juillet 1940 qu'ils retrouveraient le statut administratif qui était le leur avant l'entrée en guerre. (...) Ils redevinrent juridiquement des internés civils, qui furent soit affectés à des entreprises civiles avec assignation à résidence, soit maintenus en unité de travailleurs, soit renvoyés dans des camps d'internement[5]. » Trois de ces compagnies furent dirigées sur la Haute-Savoie.

Les hommes regroupés furent transportés en train, dans des wagons à bestiaux, conçus pour vingt bêtes ou quarante

---

1. Jean-Louis Crémieux-Brilhac a participé avec un chapitre « L'engagement des Italiens et des Espagnols dans les armées françaises » à l'ouvrage collectif *Exils et migrations : Italiens et Espagnols en France, 1938-1946* de Denis Pechanski et Pierre Milza, l'Harmattan 1994.

2. *Op. cit.*

3. *Op. cit.*

4. Le nombre d'hommes dans une compagnie est entre 200 à 250.

5. *Op. cit.*

hommes debout, ils étaient plus quatre-vingt-dix par wagon, roulant pendant trois jours.

Le 20 septembre 1940, ils arrivèrent à la gare d'Annecy et furent immédiatement répartis sur les lieux de travail sous escorte militaire. Aucune installation n'avait été prévue pour les accueillir : ni sanitaire ni couchage, l'hébergement quasi inexistant. À Saint-Félix, les autorités firent évacuer une porcherie pour y loger un groupe d'Espagnols destinés à travailler dans des fermes.

La première compagnie (immatriculée 517) alla directement sur Doussard au *bûcheronnage*[1] et à la fabrication du charbon de bois dans le massif de Haute-Savoie, ainsi qu'à la construction de la route du Semnoz par le col.

La deuxième compagnie (immatriculée 515) fut affectée à l'assèchement de l'immense marécage d'Épagny, un gigantesque chantier où les hommes étaient contraints de manier la pelle et la pioche dans la vase jusqu'à mi-mollets. Ces travaux devaient permettre de rendre des champs à l'agriculture et de viabiliser toute cette zone.

Les effectifs de la troisième compagnie furent répartis entre les communes de Savigny, Vacheresse, Saint-Félix, Alby-sur-Chéran, à des travaux dans les fermes.

Le contingent le plus important fut affecté à la construction du barrage de Génissiat, et le contact a été perdu avec cette dernière, les hommes étant trop éloignés de la région.

Les compagnies 515 et 517 donnèrent les effectifs des maquis espagnols, puis des sections « Ebro » et « renfort de Ebro ». Dans ces compagnies, très vite, les hommes ressentirent la menace du gouvernement de Vichy et du régime nazi. À partir de septembre 1942, plus de la moitié des effectifs fut réquisitionnée soit pour partir en Afrique du Nord pour la construction de la Transsaharienne, soit en Allemagne, où la main-d'œuvre manquait cruellement. Le reste des deux compagnies, un bon quart des effectifs, réussit enfin à s'organiser et à

1. Mot de Miguel Vera qui a cours dans la région pour désigner l'ensemble des travaux des bûcherons.

résister, tous anticipèrent pour soustraire les hommes appelés par Vichy envoyés en Allemagne ou ailleurs. Miguel Vera[1], très actif et astucieux, de par sa forte personnalité, prit rapidement les opérations en main et se retrouva à la tête du groupe. Le groupe pouvait se reposer sur lui, car il était parvenu à tisser des liens autour du camp.

Ces républicains exilés, chassés de leur patrie, étaient fichés en France comme travailleurs étrangers, mais certains étaient plus repérés (classés comme individus dangereux par les autorités). Ils étaient alors signalés à l'occupant et se retrouvaient automatiquement sur les premières listes des convois de déportation[2]. Pour mettre en échec ces déportations, les Espagnols fabriquèrent des doubles de clés du bureau des officiers qui dirigeaient la compagnie. Ainsi, la nuit venue, ils pouvaient s'introduire dans le local et prendre connaissance des documents qui venaient d'arriver et des listes envoyées par l'administration qui comportaient les noms des Espagnols à déporter et le lieu de leur déportation. Ensuite, ils s'ingéniaient à protéger et éloigner les concernés, en les rabattant vers la montagne, dans les maquis.

Toutes ces actions nécessitaient une véritable organisation, et des complicités s'établirent entre José Escribano, chauffeur de la compagnie, et certains livreurs du ravitaillement. En utilisant ces véhicules, il devint possible d'évacuer, en cachette, les hommes les plus menacés par les autorités allemandes ou vichyssoises. Il y eut des artistes de la contrefaçon, qui reproduisaient à la perfection les papiers officiels. José Mora, un Catalan, était un expert pour recopier la signature du capitaine. Cela permit d'authentifier les sauf-conduits et les papiers nécessaires à la sécurité des fugitifs. Comme ces hommes opéraient dans le bureau du commandement à la nuit tombée, en utilisant documents officiels et tampons, ils

1. Voir page 47.

2. Se reporter à l'ouvrage : *Les républicains espagnols au camp nazi de Mauthausen* de Véronique et Pierre Salou Olivares, Éditions Tirésias, 2004.

pouvaient ainsi établir de « vrais faux papiers » pour chaque proscrit en fuite.

Dès leur arrivée dans la Haute-Savoie, les Espagnols durent s'habituer aux conditions climatiques, géographiques, au personnel de la compagnie, au contexte général dans lequel ils allaient désormais évoluer. Ils mirent entre six mois et un an pour parvenir à cette organisation « bien huilée[1] ». À partir de 1942, Miguel Vera prit la tête de cette Résistance et ses hommes prirent le maquis. Ils durent alors s'organiser pour survivre. Miguel Vera demeurait à la compagnie de travail et continuait à rechercher des alliances pour venir en aide à ses compagnons réfugiés dans le maquis.

Miguel Vera avait des difficultés de compréhension de notre langue et des connaissances très succinctes des lieux, c'est pour cela qu'il avait un besoin pressant de soutiens efficaces. La rencontre avec Richard Andrés répondit à sa demande. Le quartier général[2] des Espagnols put s'établir au cœur d'Annecy, à l'Auberge du Lyonnais, 9, rue de la République, qui se situait en coin de rue, lui donnant par sa situation topographique une position stratégique. Ainsi le réseau d'aide à ces fugitifs opposés à leur départ en Allemagne ou dans le Sahara ou sur le mur de l'Atlantique[3] prit de l'essor.

La rencontre entre ces deux hommes fut capitale car elle permit de fédérer les forces essentielles du maquis du sud de la Haute-Savoie. Elle marqua la naissance de la résistance espagnole dans le département.

---

1. Archives Miguel Vera.

2. Sigles voir page 205.

3. Opération Todt, du nom de l'ingénieur nazi des ponts et chaussées qui imagina et impulsa ces gigantesques travaux qui furent réalisés par des prisonniers, notamment des républicains espagnols qui ne voulaient pas se plier à l'autorité allemande ou de Vichy.

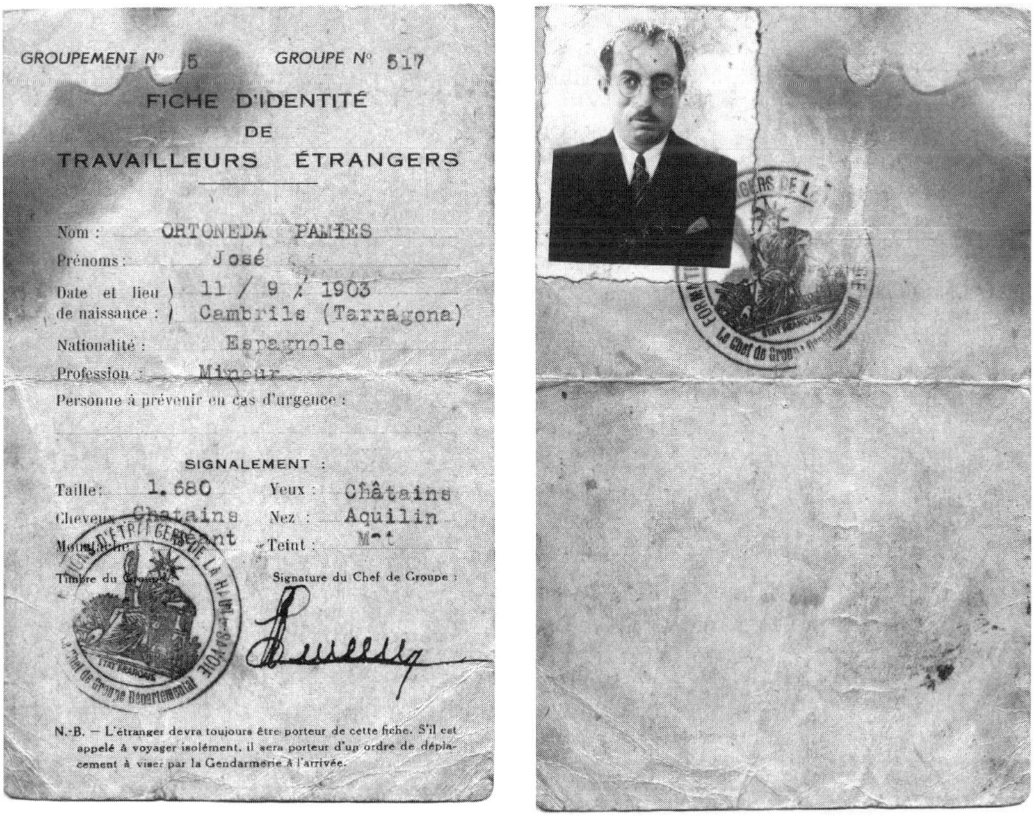

4. Une des fausses cartes d'identité de Miguel Vera au nom de Ortoneda Pamies. (recto/verso.)
(Source : Collection Miguel Vera.)

5. Vue d'ensemble de l'Auberge du Lyonnais, située 9 rue de la République dans le vieil Annecy, avec son angle stratégique. (Source : Collection Miguel Vera.)

5 bis. Rue J-J.-Rousseau. Façade opposée au canal. On voit la plaque commémorative du 60e anniversaire de la libération d'Annecy. La porte est celle qui servait d'échappatoire en cas de danger. Pour des gens de la Milice, de la Gestapo ou les Allemands qui ne connaissaient pas les lieux, il était impossible de s'imaginer que cette porte faisait partie de l'établissement qui donne sur le canal.
(Source : Collection Miguel Vera.)

GENÈSE DE L'ORGANISATION DE LA RÉSISTANCE

Le comte François de Menthon

François de Menthon[1], né le 8 janvier 1900 à Montmirey-la-Ville, dans le Jura, agrégé de droit, maire du village de Menthon Saint-Bernard, gaulliste convaincu, est une, sinon la figure emblématique de la résistance de la première heure.

Répondant à l'appel du 18 juin 1940 du général de Gaulle, il crée, dès novembre 1940, le mouvement de résistance Liberté. Il fabrique et diffuse avec ses propres moyens le premier journal clandestin, *Liberté*, du nom de son mouvement et les premiers tracts subversifs contre les vainqueurs nazis.

1. Professeur à la faculté de droit de Lyon de 1940 à 1942, il est à cause de ses opinions révoqué par Vichy et placé en résidence surveillée. Il rejoint de Gaulle en 1943 à Alger et est nommé commissaire national à la justice du Comité français de la Libération nationale. À la libération, il sera ministre de la Justice au sein du Gouvernement provisoire de la Résistance jusqu'au 8 mai 1945. À ce titre, il eut à préparer la législation sur l'épuration. Puis, procureur au tribunal de Nuremberg, il donne du crime contre l'humanité la définition suivante : « Crime contre le statut d'être humain, motivé par une idéologie qui est un crime contre l'esprit visant à rejeter l'humanité dans la barbarie ». Fondateur du parti MRP (Mouvement républicain populaire) et député de Haute-Savoie, il est maire de son village Menthon Saint-Bernard de 1945 à 1977. En 1958, il quitte la politique et retrouve sa chaire de professeur à Nancy, où il dirige le Centre européen universitaire jusqu'en 1968. Il meurt le 2 juin 1984 à Menthon Saint-Bernard.

Il diffusa les deux premiers numéros du journal de son groupe à partir de son château. En novembre 1941, François de Menthon pour Liberté et Henri Frenay pour le Mouvement de libération nationale fusionnent les deux groupes pour former l'alliance Combat. Cet accord est signé à Lyon d'où l'action doit se propager dans toute la France. Le comte François de Menthon amène une cellule du mouvement à Annecy, à l'Auberge du Lyonnais précisément. Les deux aubergistes, Flora et Jean-Marie Saulnier, seront les deux premiers agents, connus comme agents P2 de la France combattante dans le cadre du groupe Combat. Le chef départemental de ce mouvement était René Blanc.

L'autorité vichyssoise voulut discréditer François de Menthon auprès de la population et l'attira dans un piège grossier. Convoqué le 2 mai 1942 à la mairie d'Annecy par le SOL [1], il arrive sur la place publique et il est brutalement empoigné par les hommes de main du redouté service et jeté dans la fontaine. Les nervis l'enjoignent de crier : « Vive de Gaulle ». Or ce geste, qui avait pour but de l'humilier et de le ridiculiser, va produire l'effet inverse, et la population, qui était hésitante, va basculer en bloc en faveur du comte et de la Résistance. Cette attitude nouvelle de la population se répandit dans toute la région et se concrétisa par un silence complice et une aide sans faille du monde rural aux réseaux originels de la Résistance. Un apport matériel qui se traduisit par de la nourriture, de l'habillement, la mise à disposition de chalets d'alpage, l'indication d'itinéraires, l'alerte en cas de danger... Les paysans savaient tous qu'ils jouaient avec leur propre vie mais ne faiblirent jamais. Il faut retenir les sanctions très lourdes qu'ils encouraient car, pour l'aide à un maquisard, ils pouvaient être arrêtés, torturés, déportés ou fusillés, leur maison brûlée et leurs biens réquisitionnés. La Résistance a toujours eu une reconnaissance sans limites à l'égard du monde rural, qui lui permit de subsister et de poursuivre son combat.

---

1. Sigles voir page 205.

À partir du mouvement Combat va se constituer l'organisation de l'armée secrète (AS) dans toute la France. Les premiers combattants civils[1] et quelques militaires s'engagèrent à titre individuel car ils ne pouvaient accepter ni la capitulation ni l'occupation allemande.

En début 1943, quand l'armée régulière française, dissoute par ordre des autorités allemandes, décida de prendre en charge les jeunes réfractaires au STO[2], la résistance était déjà bien structurée. Mais, submergée par le nombre de jeunes recrues, elle fera appel aux officiers du 27e BCA dissous, restés sur place pour « faire de ces réfractaires, des maquisards, des soldats aptes à mener les combats contre les forces de Vichy et les troupes d'occupation pour permettre à la Haute-Savoie de se libérer[3]. »

L'Auberge du Lyonnais

L'Auberge du Lyonnais se trouve 9, rue de la République, dans le vieil Annecy. La bâtisse se prêtait parfaitement à l'activité clandestine, la façade étant en retrait de la rue. La porte communément utilisée pour entrer au bar et à la salle du restaurant donnait sur le canal. Il y avait une seconde sortie qui s'ouvrait, beaucoup plus discrète, sur la rue Jean-Jacques Rousseau. Cette porte, qui semblait ne pas appartenir au même immeuble que l'auberge, servait d'issue de secours quand, au cours d'une réunion clandestine, un danger surgissait. Miguel Vera et Richard Andrés l'utilisèrent deux fois. L'auberge fut la plaque tournante de la résistance en général, le lieu de réception et de répartition des tracts et de la presse clandestine, dont les numéros du *Coq enchaîné*, et des mouvements Combat, Libération, Franc-Tireur. Cette presse, convoyée par les chauffeurs René Noyer ou Bal (anciens collègues du propriétaire de l'auberge), était ensuite redistribuée dans tout le département. Personne ne s'étonnait que des véhicules de toute classe livrent

1. Se reporter à la page 38.
2. Sigles voir page 205.
3. *La Résistance en Haute-Savoie* édité par l'AERI et le Conseil général de Haute-Savoie.

ou s'arrêtent devant une auberge. Parfois, des colis arrivaient à la gare et les aubergistes ou Richard Andrés allaient les chercher. Ces transferts n'éveillaient pas l'attention des autorités locales et, pour les réunions, c'était la même chose : les participants, comme des clients, se rendaient au bar, quoi de plus naturel ? Cette protection ou couverture resta pendant longtemps efficace.

Les hommes qui se réunissaient au nom de la Résistance avaient pour nom : Plaisantin, chef lyonnais du *Coq enchaîné*, patron d'une ébénisterie, l'architecte Ernest Neyrinck, dit Nick, chef de l'AS d'Annecy, Georges Volland, notaire et chef d'arrondissement de Combat, René Blanc, chef départemental de Combat et membre du directoire régional, Paul Viret, chef départemental de Libération et membre du directoire régional, Roger Pleiming, chef de secteur détaché à l'organisation des maquis, les frères Paul et Henri Bocquet, Michel Boisson, Quino Peccoud, Victor Raclet, Miguel Vera (responsable des Espagnols), Jean Dunand, Pierre Lamy, inspecteur du travail, Albert Bel, restaurateur, André Carquex, dit Milau, chef de l'AS de Faverges, Raymond Ventre, professeur au lycée Bertholet, des civils et des militaires en recherche de combat, sous-officiers du 27e BCA tels Laurent Mégevand, plus souvent appelé Lucien ou capitaine Pan-Pan, Robert Poirson, dit Roby, Robert Emonet, Edmond Peter. Il y avait également des inspecteurs des Renseignements généraux, des cadres de la préfecture ou de l'Administration [1].

Miguel Vera se trouva immergé dans ce vivier de résistants et bénéficia immédiatement d'un accueil chaleureux et d'une aide inconditionnelle des époux Flora et Jean-Marie Saulnier. Il disposera toujours d'une chambre, soit à l'Auberge du Lyonnais soit à la pension du Mont-Fleuri à Albigny (Annecy-le-Vieux). Il vint à être très près de Georges Volland et Ernest Neyrinck et forma un tandem avec Richard Andrés dans l'organisation des maquis espagnols.

---

1. D'après la déclaration de M. Marcel Fivel-Demoret, président de l'association des premiers résistants, lors de l'allocution de l'inauguration de la plaque apposée à l'Auberge du Lyonnais, le 21 août 2004.

Les premiers maquis montagnards se constituèrent durant l'hiver 42-43 ; il fallait donc nourrir et habiller ces résistants. Avec le soutien de la population, ce fut possible, et particulièrement grâce à Fernand Reignier, patron d'une importante fromagerie, qui les aida aussi financièrement d'une façon très importante[1].

Richard Andrés, pour sa part, joua un rôle de premier plan dans l'organisation et le ravitaillement de ces maquis tout comme les aubergistes Saulnier. Leur auberge devint le lieu central de l'organisation clandestine. La cuisine tenait lieu de quartier général de l'état-major secret. Les ordres y arrivaient, étaient centralisés, répartis et en repartaient, les hommes aussi. La plupart des jeunes réfractaires au STO et des résistants arrivant en Haute-Savoie sont passés par l'auberge avant d'être dirigés vers un maquis.

Flora Saulnier sera arrêtée le 23 décembre 1943 par la Gestapo et déportée. Jean-Marie Saulnier avait été averti qu'il allait être arrêté, il s'était enfui, mais pensa, à tort, qu'en tant que femme, Flora ne risquait rien. Quand les trois agents de la Gestapo arrivèrent, ils fouillèrent toute l'auberge, Flora Saulnier subit un interrogatoire très brutal. Mais elle s'y était bien préparée et la Gestapo ne parvint pas à la confondre. Elle se croyait hors de danger, car tout avait été préalablement ramassé et caché. Mais le jour de la visite de la Gestapo, un responsable local de la Résistance, venu déjeuner, avait oublié une sacoche compromettante au pied de la table. Les inspecteurs, l'ayant découverte, arrêtèrent Flora. Avant de partir, ils saccagèrent l'auberge.

D'abord, elle fut internée à la prison du Pax, à Annemasse, puis à Lyon, ensuite au fort de Romainville, d'où elle partit pour le camp de concentration nazi de Ravensbrück, en Allemagne. Son courage, sa gaieté naturelle, son optimisme lui sauvèrent la vie et lui permirent d'aider moralement ses compagnes. Rapatriée par la Croix-Rouge française, elle foulera à nouveau le sol de France le 1er juillet 1945.

---

1. *Idem.*

6. Flora Saulnier en tailleur blanc, ce jour de 1972 où elle reçut les insignes d'officier de la Légion d'honneur.
(Source : Collection Miguel Vera.)

6 bis. Le couple Saulnier.
(Source : Collection Miguel Vera.)

DEUX PERSONNAGES HISTORIQUES

Richard Andrés

Résistant de la première heure, né le 23 février 1913 à Paris de parents espagnols, il parlait castillan. À la mort de son père en 1927, sa sœur aînée Carmen le prit en charge avec sa mère. Carmen Andrés avait épousé le coiffeur Ruffino Pegado, dont le salon était situé 7, rue de la Gare, à Annecy. Richard apprit le métier de son beau-frère. Il adopta cette ville et, dès son adolescence, s'impliqua dans la vie associative en consacrant tout son temps libre à la Fédération des œuvres laïques et au Sou des écoles. Il plaça sa vie sous le signe de la laïcité, de la fraternité et de la liberté.

Ses origines, sinon ses racines, espagnoles le conduisirent à suivre avec un vif intérêt et consternation le dénouement de la guerre d'Espagne. Il pressentit le drame qui allait s'abattre sur l'Europe. La non-intervention des démocraties annonçait à ses yeux la montée du fascisme européen. Il se résigna encore moins à la défaite de 1940 et surtout à la collaboration du gouvernement de Vichy et de Philippe Pétain[1], pour qui il avait une rage particulière. Rappelons en quelques dates le

1. À la Libération, Pétain est jugé et condamné à mort. Sa peine est commuée en détention à perpétuité par le général de Gaulle. Il meurt le 23 juillet 1951, sur l'île d'Yeu, où il a été emprisonné après son jugement.

parcours du maréchal Pétain. Formé à l'école militaire de Saint-Cyr, jeune général au début la guerre de 14-18, Pétain organise la défense de Verdun en 1916. Commandant en chef des armées françaises en 1917, il est élevé à la plus haute dignité, celle de maréchal de France, en 1918. Après avoir rétabli la situation pendant la guerre du Rif au Maroc (1925), il est nommé ministre de la Guerre (1934) puis ambassadeur de France à Madrid (1939). Dans le même temps, son influence reste grande au sein de l'état-major français : il y défend la guerre de position défensive (stratégie de la France lorsque la Seconde Guerre mondiale éclate).

Après la débâcle française, Pétain est appelé à la présidence du Conseil le 16 juin 1940. Le 20 juin 1940, il est appelé à participer au cabinet Reynaud. Le 10 juillet 1940, Il impose l'armistice, prélude à l'enterrement de la IIIe République et, obtient du Parlement, réuni à Vichy, les pleins pouvoirs. Il jette alors les bases d'un État autoritaire, l'État français, et engage la France dans une politique de collaboration avec l'Allemagne.

L'attitude du pouvoir pétainiste renforce les convictions de Richard Andrés. Fervent patriote, il s'impliquera dans la Résistance dès l'appel du général de Gaulle, et militera d'abord dans l'organisation Le Coq enchaîné puis rejoindra, dès sa création, le mouvement Combat. Dans la Résistance, où il occupa un rôle de première importance, en participant activement à l'organisation des premiers maquis, il deviendra un maillon très actif des réseaux entre eux.

La langue espagnole réunit Miguel Vera et Richard Andrés. Leur rencontre sera le point de départ d'une participation effective des Espagnols à la Résistance en Haute-Savoie contre les occupants italiens d'abord et allemands ensuite. Pendant l'occupation italienne, les Allemands et la Gestapo étaient présents. Sachant que les républicains espagnols partageaient avec lui le même idéal de liberté, Richard Andrés chercha coûte que coûte à se rapprocher d'eux et à obtenir leur soutien. Frustrés par la défaite de la République espagnole due à la coalition Franco-Mussolini-Hitler, ils ne demandaient qu'à reprendre leur combat contre l'ennemi commun, aux côtés de leurs camarades français. Andrés, le sachant, s'arrangea pour rencontrer leur responsable, Miguel Vera.

Comme l'activité de résistance était déjà effective à l'auberge, il opéra par ce canal. L'organisation clandestine recherchait des compétences, il était donc logique que les responsables aient songé à ces combattants espagnols qui possédaient une expérience pratique de la guerre. Dans les compagnies de travailleurs, les Espagnols pouvaient obtenir des permissions de sortie le dimanche et c'est au cours de l'une d'elles que, le 1er juin 1942, l'entrevue se déroula. Instinctivement, « ils se reconnurent comme d'authentiques antifascistes et combattants acharnés pour la liberté et la démocratie »[1].

Richard Andrés prit de plus en plus d'importance dans les maquis espagnols et, comme il parlait les deux langues, il servit d'interprète. Il fut la passerelle entre les résistants espagnols et français. Trésorier, il remettait à Miguel Vera l'argent nécessaire à la survie de ses maquis, dans le cadre du mouvement Combat ; ainsi les Espagnols se sont retrouvés soldats de l'AS. Étant donné que Combat fut le mouvement de Résistance le mieux subventionné par Londres, les Espagnols bénéficièrent de cette manne.

En juillet 1943, à la suite d'une modification de l'organisation de la Résistance, Andrés fut nommé chef du Service atterrissage et parachutage (SAP). En effet, après l'arrestation, les tortures et la fin tragique de Jean Moulin[2], tous les indicatifs concernant les terrains de parachutage furent changés par mesure de sécurité, les chefs de la Résistance craignant que l'ennemi ne puisse détenir quelques informations dangereuses pour la sécurité des réseaux.

---

1. Propos du commandant Miguel Vera rapportés dans un article « Les Espagnols dans la Résistance » dans *La Résistance savoisienne*, jeudi 9 août 1945, nº 32.

2. Président du Conseil de la Résistance.

Pour la région Diamant, nom de code donné à la Haute-Savoie par le service anglais SOE[1], ce fut Richard Andrés qui dirigea le service local SAP, une responsabilité dangereuse et exposée. Ce service comprenait la coordination avec l'Angleterre par messages radio par lesquels il recevait les directives. Il fallait qu'il trouve, prépare les terrains où seraient largués les conteneurs, et assure leur signalisation par des balises pour informer le pilote de l'avion non seulement de la position mais aussi de la direction du vent et sa force. Dans la pratique, les balises étaient des bûchers et, pour la fumée, de vieux pneus. Lorsque les parachutes touchaient le sol, il fallait être nombreux pour couper rapidement les cordons d'attache, dégager les conteneurs, pesant plus de 150 kilos, les transporter en lieu sûr à l'aide de brancards et enfin effacer toute trace avant l'arrivée de la Garde mobile ou de la Milice et plus tard en 1944, des GMR[2].

Jusque-là, Andrés avait toujours refusé toute nomination mais, cette fois, il accepta par conviction d'être utile au poste de responsable du SAP. À la tête de ce service, il était loin d'imaginer le rôle fondamental qu'il allait jouer et la laborieuse activité qui allait retomber sur lui et sur Miguel Vera, en septembre 1943, à l'arrivée des représentants de la première mission interalliée envoyée par le gouvernement britannique, connue sous le nom de mission Musc[3] du réseau Marksman. Il s'agissait du lieutenant-colonel britannique Richard Heslop, dit Xavier, et du capitaine français Jean Rosenthal, dit Cantinier, membre des Forces françaises libres, représentant du Bureau central de renseignement et d'action (BCRA) du général de Gaulle[4].

1. *Special Operation Executive.*

2. Groupes mobiles de réserve.

3. Musc rejoint les désignations de nombreuses missions au nom de parfum, comme verveine, citronnelle...

4. Précisions de Jean-Louis Crémieux-Brilhac.

Tant d'activité ne pouvait rester longtemps ignorée ni de la Milice[1] ni de la Gestapo et, peu à peu, l'étau de l'ennemi se resserra sur Andrés. Le 18 janvier 1944, il devait se rendre à Faverges chercher un poste émetteur-récepteur radio clandestin[2]. Ce fait est d'autant plus probable que Jean Carquex, chef de l'AS de Faverges, avait lui-même caché cet émetteur. Andrés devait apporter ce poste à Thorens et ensuite se rendre à la Louvatière, la ferme de Jean Charrière, qui avait pour consigne de lui en remettre un autre pour être réparé. C'était très urgent : nous sommes à la mi-janvier 1944, et Tom Morel, un des principaux responsables de l'AS et de l'état-major de la Résistance en Haute-Savoie, laisse entrevoir l'espoir d'importants parachutages d'armes et de matériel. Pour ce trajet, Andrés disposait d'une voiture 202 à gazogène. N'ayant pas la maîtrise de ce genre de voiture, il avait demandé à son fidèle ami Léon Bouvard de la conduire. De retour de cette mission, ils tombèrent dans une embuscade tendue par la *Wehrmacht*. Il est certain qu'ils avaient été dénoncés à la Milice, qui prêta main forte dans l'opération. Retraçons ce tragique événement : au milieu de l'après-midi, trente à trente-cinq soldats allemands investissent le hameau de Sur-les-Bois. Près de ce chalet, une des filles de Garnier s'apprêtait à transporter du bois pour le chauffage. Un officier s'approcha d'elle et lui dit : « Rentrez vite, tout à l'heure ici, boum ! boum ! »

Les deux sœurs Garnier, Léa et Andrée, purent suivre la scène depuis la fenêtre de leur maison. « Le barrage était installé à l'intersection des deux routes. Sur le virage même, trois fusils-mitrailleurs furent judicieusement disposés pour ne laisser aucune chance au véhicule d'Andrés. Il était entre

---

1. Issue du service d'ordre de la Légion française des combattants, elle fut créée par le gouvernement de Vichy, à l'instigation de Joseph Darnand en janvier 1943. Sa fraction militarisée prit le nom de francs-gardes.

2. « Il s'agit certainement de l'un des deux postes qui avaient été laissés aux Tissot par le radio Arnaud après la fin dramatique du précédent réseau SOE qui avait opéré dans le département au début de l'année 1943 » d'après un témoin.

17 h 30 et 18 h quand la voiture des deux résistants arriva. Au volant, Léon Bouvard ne put apercevoir le barrage qu'une fois engagé dans le virage. Embrayant une marche arrière, il tenta une manœuvre désespérée pour se dégager. À cet instant, les fusils mitrailleurs entrèrent en action. Le crépitement des armes fut assourdissant. L'écho résonnait sur les parois du Parmelan. Les habitants de Sur-les-Bois furent épouvantés. Avant de quitter les lieux, les Allemands dépouillèrent la voiture[1]. » On peut aisément penser qu'ils furent dénoncés, car la façon de procéder, comme nous venons de le voir, des soldats ne laissait aucune chance aux occupants de la voiture.

La nuit était déjà bien avancée quand Alphonse Garnier, aidé d'un voisin, déposa les dépouilles ensanglantées sur une charrette et les emmena au local des pompiers, un peu plus haut que l'école. Le lendemain, les deux résistants furent inhumés par la municipalité d'Annecy-le-Vieux. Ce 18 janvier, les balles nazies mirent fin brutalement à la vie de Richard Andrés et Léon Bouvard, deux héros morts au combat pour la liberté. Au cours d'un hommage à leur mémoire, il sera dit : « Ils furent sauvagement assassinés par les forces nazies d'occupation dans un guet-apens à Annecy-le-Vieux[2]. »

Dès cette exécution sommaire, Saulnier informa le lieutenant-colonel Heslop, qui prit les mesures nécessaires au cas où les Allemands auraient trouvé des informations compromettantes dans le véhicule ou sur les résistants massacrés. Laurent Mégevand, dit capitaine Pan-Pan, remplaça Andrés. Il s'ensuivit la création du maquis de la Mandallaz. Les échanges d'émissions radios clandestines avec Londres continuèrent. Une note de Poirson, dit Roby, expliquait : « Mégevand est le responsable du SAP de la région Diamant. Il succède à ce poste à Andrés

1. Allocution d'hommage à Richard Andrés prononcée par Miguel Vera (fils) devant le député-maire d'Annecy, le préfet, les présidents des associations patriotiques, le 18 janvier 2004.

2. Récit de l'attentat extrait d'un discours à la mémoire de Richard Andrés et Léon Bouvard, de Miguel Vera, 18 janvier 2000.

qui, au cours d'une mission, fut abattu par les Allemands. Il doit continuer à rechercher des terrains susceptibles de recevoir des parachutages et constituer des équipes de réception. Pour cela, il faut prospecter au plus vite de nouveaux terrains».

Le Service atterrissage et parachutage resta très actif, avec Mégevand à sa tête. On vit ce dernier aux Daînes avec Charles Blanc ou encore formant équipe avec Xavier Heslop et Romans Petit, toujours en relation avec les Glières.

7. Stèle en hommage à Richard Andrés et Léon Bouvard à Annecy-le-Vieux.
(Source : Collection Miguel Vera.)

Miguel Vera Navas

Altruiste et visionnaire né le 29 juin 1904, au village de Puertollano dans la Mancha, province du centre de l'Espagne, Miguel Vera s'installa en Andalousie, au village de Nerja, près de Malaga, après son service militaire. Il s'y implanta professionnellement et s'y maria. Nerja devint son village de cœur et de raison. Il y créa son entreprise de maçonnerie et devint une figure locale de la vie sociale. Humaniste, épris de justice, il n'admettra jamais les conditions d'exploitation et de vie des paysans sans terre qui étaient la misère, la précarité de l'embauche, la situation inique du journalier. Chaque jour, très tôt le matin, les hommes se rendaient sur la place du village avec l'espoir d'être retenus pour un travail. Le paysan sans terre est loué et corvéable, gagnant pas plus de trois à quatre pesetas par jour, or un kilo de pain se vendait une peseta et un litre d'huile cinq pesetas.

En Andalousie, les exploitations agricoles étaient généralement d'immenses propriétés appelées *latifundios*, appartenant à un noble ou un grand bourgeois excessivement riche. Le village de Nerja n'échappait pas à cette règle, et les terres étaient détenues par deux grands propriétaires fonciers, un duc et un comte. Dans leurs domaines, le travail s'effectuait de manière ancestrale. Miguel Vera suggéra à ces *latifundistas* de réaliser des aménagements et de débloquer des crédits pour entreprendre des investissements élémentaires qui, en plus d'augmenter leur production, donneraient du travail à des dizaines voire des centaines d'ouvriers. Il assurait que les travaux qu'il préconisait étaient indispensables à l'avenir économique de cette région car, sans cet investissement, les terres végéteraient et le système de vie des petites gens, déjà précaire, s'effondrerait de lui-même. Il devenait urgent d'entreprendre pour développer les ressources et les bénéfices mais aussi améliorer la vie des gens. Sa motivation constante était une leçon de raison et de réalisme dont ne pouvait se passer sa région. Et, pour étayer son analyse, il avait tiré des plans et projections avec des routes, des pistes à tracer pour pouvoir rapprocher les véhicules des plantations, oliveraies, amandaies. Il préconisait la construction de ponts pour permettre de réduire de plusieurs kilomètres le trajet entre deux exploitations et l'édification d'aqueducs pour augmenter les surfaces de terres arables. Mais, à ses yeux, la grande priorité était d'entreprendre des travaux pour canaliser les eaux torrentielles qui, après chaque violent orage, entraînaient à la mer des cultures entières, en plongeant régulièrement les familles les plus pauvres dans la famine.

Malgré l'insistance de Miguel Vera, les propriétaires ne voulurent rien entendre sur l'intérêt de ces travaux, refusant systématiquement d'investir et rejetant toute proposition de modernisation, assurés d'un profit immédiat par une main-d'œuvre si peu onéreuse. La plupart des familles paysannes exploitées étaient réduites aux conditions de vie des serfs et travaillaient pour essayer de survivre et d'avoir un toit.

En avril 1931, l'avènement de la République promettait de changer ces conditions inhumaines d'un autre temps et Miguel Vera soutint la République pour son programme de liberté, de justice et de réformes agraires, dont la redistribution des terres aux paysans. Il essaya d'appliquer la réforme, mais les propriétaires s'opposèrent violemment au financement des travaux pour la communauté. Miguel Vera s'engagea pour être utile à la République ; il accepta un poste d'adjoint au maire de Nerja, élabora une plus juste répartition des richesses et donna du travail au plus grand nombre d'ouvriers. Il impulsa des travaux d'utilité publique, conçut tout un plan d'aménagement du territoire qui prouvait l'intelligence de ses conceptions sur la réalité économique de sa région. Une partie de ses propositions aboutit, dont l'amélioration des voies de communication, qui permit de diminuer la pénibilité des conditions de travail des ouvriers agricoles. Une partie des chantiers entamés ne fut pas achevée, du fait de la guerre civile, et le reste de ses plans d'aménagement resta à l'état de projet.

Par sa position et ses propositions, Miguel entra en conflit ouvert avec le comte, propriétaire d'immenses étendues qui se voyait astreint à des travaux par décision municipale. Le comte usa de son influence pour attiser les rancœurs de la *Guardia civil* locale contre Miguel. En effet, Miguel Vera condamnait les agissements de ce corps de police qui avait la réputation de pratiquer des contraintes par corps, usant de méthodes brutales et inhumaines. Comme ce témoignage : « À la tombée de la nuit, deux gardes attendaient à l'entrée du village un pauvre bougre. Ce malheureux venait de passer deux jours dans la sierra sans manger, démuni, pour faire un petit sac de charbon de bois qu'il portait sur son dos et espérait vendre pour quelques pesetas. Les hommes de la *Guardia civil* l'arrêtèrent, détruisirent son précieux fardeau et le battirent cruellement. Un homme, sous prétexte de sa pauvreté et de son incapacité matérielle à se défendre, devait se laisser gifler sur les deux joues et baisser la tête. » Miguel Vera voulait abolir ces pratiques atteignant l'homme dans sa dignité et il subit, en retour, la vengeance de la *Guardia civil*. Les doléances du comte venaient à point.

Quand la guerre civile éclata, Miguel s'engagea dans le camp des légitimistes de la République. L'Andalousie fut vite réduite au silence par les troupes nationalistes et Miguel échappa de justesse à plusieurs tentatives d'assassinat de la *Guardia civil*. Il quitta son village et rejoignit le front. Avec la lucidité qui le caractérisait, il perçut vite le handicap de l'armée républicaine. Cette dernière, aux ordres d'un régime politique hésitant et parfois contradictoire, perdait en efficacité face à l'armée commandée par Franco.

Auprès de son bataillon, Miguel Vera s'investit dans un rôle stratégique et s'impliqua sans réserve dans la lutte contre le fascisme, se révélant un conseiller judicieux auprès des officiers républicains. À Almuñécar, dans la province de Grenade, il prit le commandement d'une compagnie de *carabineros*, les officiers réguliers montrant des signes de démission. Il emmena cette compagnie pour soutenir des points faibles du front. Après la chute de Malaga, il suivit le front en direction de Valencia, puis jusqu'au centre de l'Espagne, où il vécut la fin de la guerre civile. Madrid tomba le 27 mars 1939. La République était vaincue. L'épuration commença. Miguel Vera y échappa de peu et prit le chemin de l'exil, laissant femme et enfants au pays. Il apprendra plus tard que tant dans son village natal, Puertollano, que dans son village de cœur, Nerja, il était en tête de liste des « rouges à fusiller ». Cette route vers l'exil, qui allait durer plusieurs semaines, sera une étape marquante de sa vie. Il traversa l'Espagne, de la région de Madrid jusqu'aux Pyrénées, dans des situations précaires et dangereuses. Il se cachait le jour et marchait la nuit. Parfois, il profitait du chariot d'un paysan complice pour faire un bout de chemin. Il lui arrivait même, dans de petites gares perdues dans la campagne, d'attraper le dernier wagon d'un train de marchandises. Il vécut des situations inimaginables. Enfin, il atteignit les Pyrénées et ne mit que quelques jours pour les traverser. Quand il supposa se trouver en territoire français, il s'aventura à se présenter aux autorités du premier village rencontré.

Miguel Vera a toujours aimé la France et ses grandes révoltes, il affectionnait particulièrement la ville de Lyon avec sa révolte des Canuts[1] et c'est près de cette région qu'il prendra racine. Mais, comme tous les réfugiés, l'accueil sans chaleur qu'il rencontre les premiers temps va ébranler ses convictions et sa confiance. Il lui faudra puiser dans toute sa sagesse, sa lucidité et sa volonté antifasciste pour continuer son combat de justice et de République. À la fin du mois d'avril 1939, il est interné au camp de Saint-Cyprien, puis transféré au camp de Barcarès. À la déclaration de la guerre, il s'enrôle dans les compagnies de travailleurs étrangers, supplétifs de l'armée française. Après la défaite en juin 1940, il parvient en Haute-Savoie, toujours incorporé aux compagnies de travailleurs étrangers, et est affecté aux chantiers de la Haute-Savoie par les autorités militaires du gouvernement de Vichy. Voilà le jugement qu'un témoin porte sur lui : « Juste et efficace, très respecté pour ses capacités de stratège, ses relations avec les autres, auxquels il accordait toujours une très grande écoute et une grande attention. »

Dès que le réseau d'évasion des Espagnols fut mis au point, il en prit la direction et orchestra les départs et l'organisation dans la montagne. Pour bien accomplir sa mission, il devait rester à la compagnie. Il se déplaçait souvent en ville sous de multiples identités. Il fut successivement Don Alonso Quijano, Don Ortenado Pamies José, pour celles que nous connaissons. Très rapidement, il travailla avec le maquis français. À partir du 8 septembre 1943, lorsque les troupes allemandes remplacèrent les troupes italiennes, pour les Espagnols, le moindre faux-pas équivalait à une exécution sans autre forme de procès. Il

1. Les ouvriers tisserands se révoltent en 1831 contre les puissants, dont ils tissent les étoles précieuses alors qu'ils vont nus.

devait déjouer la surveillance des occupants mais également celle de la Milice, active dans la région. Cela ne l'empêchera pas d'être arrêté plusieurs fois.

À Nerja, certains travaux d'aménagement « imposés » par Miguel Vera étaient restés en friche à cause de la guerre civile mais, bien des années plus tard, des observateurs ayant constaté le bien-fondé de ses plans, posèrent la question :

« – Pourquoi ne les continue-t-on pas ?

– On ne va pas continuer des travaux commencés par un rouge. »

8. Le commandant Miguel Vera à la sortie d'un abri du maquis.
(Source : Collection Miguel Vera.)

Mais, peu à peu, ces projets furent achevés et, dans la lancée, également ceux qu'il avait laissés sur des plans en mairie. Suite logique, les propriétaires terriens investirent pour la culture et la transformation de l'exploitation des ressources locales. Mais, ironique retournement des choses, le principal bénéficiaire et « profiteur » de ces transformations fut le comte, qui avait fini par investir dans les transformations. Par contre, le duc, ne voulant pas s'adapter, fut ruiné.

Après la mort de Franco, la fin de la dictature et l'établissement de l'amnistie, Miguel Vera retourna en Espagne. Dans son village, où il fut reçu en héros, sa mémoire reste vive.

LES RÉSISTANTS ET LEURS ACTIVITÉS

Nous savons le rôle important tenu par un des chefs de réseaux de la Résistance, Richard Andrés, et par le chef des maquisards espagnols Miguel Vera, et ce qui découla de leur rencontre. L'organisation des maquis espagnols rattachée à celle des maquis en général fit resurgir l'urgence de « mettre en planque » ces Espagnols en attendant les interventions armées où leur participation se révéla primordiale. N'oublions pas les difficultés qui s'ajoutaient à ces maquis dues à leur situation en haute montagne. Il était indispensable de connaître la réalité du milieu, et Richard Andrés, qui fut avant-guerre membre du CAF (Club alpin français) et avait pratiqué l'alpinisme dans la vallée de Chamonix, les roches des Dents de Lanfon et celles de la Tournette, apporta ses conseils, sa connaissance de la montagne et des informations capitales. Ce fut pour lui « un jeu de piste » d'abriter secrètement tous les maquisards déjà présents dans des endroits inaccessibles au commun des mortels.

Histoire en quelques dates des maquis espagnols

En décembre 1942, le premier maquis, qui comprenait des républicains espagnols et des résistants français, fut implanté autour du village des Villards-sur-Thônes. Hélas, ce maquis fut repéré au bout de deux mois, les forces de Vichy le rasèrent. Les résistants se replièrent, le 5 mars 1943, aux Dents de

Lanfon, où le regroupement prit plus d'importance en hommes et en actions.

En avril 1943 se constitua le maquis du mont Veyrier, premier maquis composé uniquement d'Espagnols.

En novembre 1943, il est déplacé à Nâves.

Le 3 mai 1943, constitution d'un maquis au col de la Colombière, commune du Grand-Bornand.

Juin 1943, le maquis de la Combe d'Ire, commune de Doussard, se forma, simultanément à celui du Semnoz, déplacé en novembre de la même année à Usillon, commune de Thorens.

Fin septembre 1943, Miguel Vera voulut créer à Serraval un maquis à effectif réduit (une douzaine d'hommes) mais d'une grande mobilité pour une « aide d'appoint rapide ». Prédisait-il déjà la création des équipes de réception des armes parachutées ? Retenons la grande difficulté qui apparut pour transporter du ravitaillement, des armes, des munitions, évacuer les malades ou blessés dans des camps aussi éloignés les uns des autres. Le soutien et l'efficacité de Richard Andrés furent fondamentaux. Rodrigue Pérez apporta également une aide précieuse en devenant le légendaire agent de liaison des maquis espagnols.

Le dépôt central pour toutes les marchandises à acheminer était l'arrière-boutique du salon de coiffure de Ruffino Pegado[1], c'était aussi la boîte aux lettres de Miguel Vera.

Il est nécessaire de souligner l'exemplarité et la moralité de ces maquis. Malgré les privations, ils n'ont jamais recouru à la force ou à la réquisition pour s'approprier nourriture ou produits de première nécessité. Cette attitude les a honorés, les Hauts-Savoyards s'en souviennent encore avec émotion et respect. D'ailleurs, la population paysanne a su apprécier ces maquisards espagnols puisque, dans les moments difficiles, elle a été secourue et aidée sans hésitation. Pour illustrer notre propos, citons une remarque teintée d'humour et de malice des Hauts-Savoyards qui éclaircit ce sentiment et que plusieurs personnages de la Résistance nous ont rapportée : « Ah ! Ces

---

1. Voir Richard Andrés page 41.

Espagnols, ils nous ont pris toutes les jolies filles. À la Libération, ils se sont mariés avec les filles des familles qui les avaient hébergés, tellement ils avaient été appréciés par leurs logeurs improvisés[1]. »

Ces maquis étaient parfaitement structurés sous les ordres de chefs responsables nommés par Miguel Vera. Ce dernier et Richard Andrés appartenaient également à un réseau mixte[2] (Français/Espagnols) d'une dizaine d'hommes agissant dans Annecy même. Ce réseau était chargé particulièrement d'infiltrer les différentes polices, administrations ou autres services, pour obtenir des renseignements à la source, rechercher des cachettes pour des explosifs, observer le mouvement des forces d'occupation, leurs habitudes, leur nombre, etc. Certains de ces hommes pouvaient être aussi utilisés ponctuellement pour des sabotages citadins. « Le 10 septembre 1943, nous rappelle un témoignage, Vera, Andrés, Perez, Mouchet, Bouvard et Saulnier dévalisèrent ensemble l'intendance du camp de Novel (qui se situait légèrement à la sortie d'Annecy, aujourd'hui englobé dans la ville). Ils saisirent un camion entier, de pâtes, haricots, sucre, farine, riz[3]... » Ils agirent comme s'ils étaient des transporteurs. Les fournisseurs de la garnison des troupes d'occupation n'affichaient pas de sigles visibles, alors ils se présentèrent avec un camion de gros tonnage, comme s'ils venaient livrer le ravitaillement. Ils s'arrêtèrent devant l'intendance et parvinrent à rentrer, sûrement avec une ou plusieurs complicités à l'intérieur. Ils chargèrent tranquillement leur camion et repartirent comme ils étaient venus. Toute la marchandise fut stockée dans les sous-sols de la villa Barrès à Veyrier, où le maquis put la récupérer. Tout cela fut consigné par écrit quand, à la Libération, les résistants eurent besoin de témoignages sur leur participation. Jean-

1. Un témoin originaire de la région.

2. La notion de mixité se rapporte à la nationalité.

3. Récit de Rodrigue Perez laissé à Miguel Vera et confirmé par l'attestation établie par Jean-Marie Saulnier le 28 octobre 1982 à l'attention de Paul Berthier pour ses faits de résistance.

Marie Saulnier établit des attestations sur son honneur de résistant. Ce sont des textes manuscrits, qui relatent des faits précis de résistance rarement cités à ce jour dans les livres sur le maquis, qui se concentrent sur l'intérêt militaire et politique de l'opération Glières.

Le 15 novembre 1943, à Annecy, un groupe de résistants de la ville réquisitionna tout un train de chaussures qui s'était arrêté en gare avant de repartir vers l'Allemagne. Le chef de gare, un résistant, avait averti le maquis et, à midi, des résistants arrivèrent avec des camionnettes. « Ils avaient choisi cette heure du repas pour plus de tranquillité[1] », il ne restait que deux sentinelles allemandes, le long du quai. L'audace et l'aplomb du groupe furent tels que ces deux soldats renforcèrent leur vigilance pour les protéger, le temps que les chaussures changent de destination. Les sentinelles pensaient obtempérer à un ordre de la *Kommandantur*. Ils assurèrent à leur insu la sécurité des maquisards durant l'opération. « Ainsi, trois mille paires de chaussures qui ont servi à chausser tous les maquisards et autres populations locales ont changé de destination à la barbe de l'ennemi[2]. »

Le sabotage de l'usine SRO (Schmidt Roost Oerlikon, actuellement SNR) fut spectaculaire. Il fut exécuté sur ordre de l'état-major de la Résistance nationale, la production de cette usine devant être neutralisée. Il s'agissait de l'usine la plus importante d'Europe dans la fabrication de roulement à billes. Sa production était indispensable pour l'armée allemande : tanks, camions et toutes sortes de véhicules et armement.

Le 11 novembre 1943, l'aviation américaine bombarde l'usine. Mais les Américains, qui avaient l'habitude d'attaquer en plein jour, restèrent en altitude au-dessus de leur objectif. Bien qu'il y eût des tonnes de bombes déversées, aucune n'at-

---

1. D'après les souvenirs du commandant Miguel Vera (rapportés par son fils). José Caballero en parle aussi dans son texte de témoignage, avec quelques variantes et suivant l'attestation établie par Jean-Marie Saulnier le 28 octobre 1982 à l'attention de Paul Berthier pour ses faits de résistance.

2. *Idem.*

teignit sa cible. Par contre, les maisons civiles alentour furent endommagées, détruites ou rasées, laissant de nombreux occupants sinistrés. Devant cette situation, et par propagande antialliée, le gouvernement de Vichy fera indemniser les victimes.

Les membres des Mouvements unis de résistance (MUR[1], dont faisait partie le réseau d'Annecy de Miguel Vera et Richard Andrés), étonnés et scandalisés par cette façon d'opérer et par l'échec militaire de pareille méthode, firent savoir aux Alliés qu'ils s'occuperaient du sabotage de l'usine. « Nous allons nous en charger ! » transmirent-ils. Ainsi fut fait, une poignée d'hommes, qui œuvraient à partir de leur quartier général à l'Auberge du Lyonnais montèrent l'opération. Les résistants partirent par un beau matin faire exploser tout ce qui pouvait aider l'avancée militaire allemande. Ils devaient donc faire sauter les machines, les transformateurs, les circuits intérieurs de téléphone, les pylônes électriques, les machines de production... Ils réussirent leur mission et l'usine resta quatre mois sans fonctionner.

Mais reprenons le récit de cette opération fait par les témoins ou participants : dans la nuit du 20 novembre 1943, Édouard Pécoud dirigea le groupe composé de Richard Andrés, Mégevand, dit Pan-Pan, Miguel Vera, Jacquou, Poirson, dit Roby. La dynamite mise en place, les plastiqueurs retournèrent à l'auberge. Les charges explosives devaient sauter à l'aube. Pan-Pan compta les détonations et s'aperçut qu'une des charges n'avait pas fait son office. Il se dit : « Ce n'est pas possible, le crayon allumeur a "foiré" ! » Dans la matinée, il se décida : « J'y retourne. – Mais vous êtes fou ! Les Fritz cernent l'usine » répliquèrent ses camarades. Qu'à cela ne tienne, Pan-Pan retourna à l'usine, suivi de son fidèle Roby, ayant pour mission de faire le guet. Les soldats et officiers allemands étaient déjà sur place. À l'entrée de l'usine, Pan-Pan fut interpellé par un officier allemand, à qui il exhiba une carte de police et se présenta comme l'artificier, chargé de l'enquête sur le sabotage. Pour donner l'illusion, il

1. Sigles voir page 205.

avait un appareil photo à la main : « Les clichés valent mieux qu'un long rapport », expliqua-t-il à l'officier. À l'intérieur, Pan-Pan prit note sur note, photographie sur photographie des transformateurs démolis et s'agenouilla devant le transformateur intact, au pied duquel quelques heures plutôt avait été placée une charge explosive. Juste le temps d'écraser le crayon allumeur, Pan-Pan regarda sa montre, et se dit qu'à midi, compte tenu du retardement, la charge sauterait. Il fallait partir. « Mission terminée, monsieur l'officier » dit Pan-Pan. Mais, à quelques mètres du transformateur, il y avait des soldats, des territoriaux en faction. À midi, ils seront morts, pensa Pan-Pan, qui eut pitié d'eux.

« Monsieur l'officier, il peut y avoir d'autres explosions. Voyez-vous, ce transformateur est resté intact. Ça m'inquiète. Vous devriez éloigner vos hommes.

– *Ya, ya* », répond l'officier. À 11 heures 30, Pan-Pan et Roby étaient de retour à l'auberge. À midi, alors que les cloches de Notre-Dame égrenaient les douze coups, une nouvelle explosion secoua la ville.

« Mission accomplie », commenta Pan-Pan[1]. Le 10 mai 1944, l'aviation anglaise bombarda à nouveau l'usine ; toutes les bombes atteignirent leur cible et l'usine fut complètement rasée.

Il y avait toujours des Espagnols sur ces « coups », la Résistance ne voulait ni ne pouvait se priver de leur concours ; ils avaient une solide expérience militaire et étaient très téméraires dans leurs actions. Ils avaient la réputation de ne jamais faiblir et d'assurer efficacement les arrières des autres membres du groupe d'intervention.

« En plus d'éviter de provoquer la police et l'armée allemande, il fallait éviter aussi de leur montrer que nous étions armés, mais, en même temps, il fallait les empêcher de vivre tranquillement » nous dira Angel Gomez, combattant espagnol. Sur ce terrain, les maquisards excellaient et les Espagnols étaient toujours de la partie, exécutant les ordres avec vitalité et avec une imagination débordante. Ils coupaient les lignes de

---

1. Récit confirmé par Jean-Marie Saulnier le 28 octobre 1982.

téléphone, les communications, les voies ferrées, les canaux et les routes. Ils sabotaient les usines qui produisaient pour l'effort de guerre.

Dans le maquis espagnol du mont Veyrier, les maquisards gardaient des armes et des munitions qui provenaient de la dissolution du 27e BCA. À partir du moment où la France avait cessé d'avoir une zone dite libre, le 11 novembre 1942[1], il y eut une occupation totale du territoire. L'armée fut dissoute et le 27e BCA devait remettre son armement à l'occupant, italien à l'époque.

« En fait, c'est dès l'automne 1940, après la débâcle et la constitution de l'armée d'armistice, que le 27e BCA, sous l'impulsion de son chef, le commandant Vallette d'Osia, avait préparé la reprise de la lutte. Pour cela, celui-ci avait organisé une mobilisation clandestine qui devait permettre le triplement des effectifs, avec des armes soustraites à la commission d'armistice et cachées dans tout le département. Officier d'une bravoure légendaire et d'une énergie indomptable, il avait communiqué à son bataillon sa détermination à ne pas subir la défaite et sa foi dans la victoire finale, lui imposant un entraînement intensif et le préparant psychologiquement à la reprise de la lutte.

À la dissolution de l'armée d'armistice, consécutive à l'invasion de la zone non occupée, il n'est plus chef de corps du 27e, mais commandant de la subdivision militaire de la Haute-Savoie. À ce titre, il reçoit l'ordre de livrer les armes, s'y refuse et entre dans la clandestinité.

Ses anciens subordonnés le suivent tout naturellement dans cette voie, notamment le capitaine Anjot, qui avait été son adjoint, ou encore les lieutenants et aspirants Morel, Jourdan, de Griffollet, Lalande, tous anciens du 27e de l'armée d'armistice, que l'on retrouvera aux Glières[2]. »

---

1. Opération Anton, les troupes de la *Wehrmacht* franchissent la ligne de démarcation et envahissent tout le territoire.

2. D'après le général Bachelet, président de l'association des Glières.

9. Maquisards espagnols et français photographiés devant le chalet du Clu avant la montée au plateau des Glières.
(Source : Conseil général de Haute-Savoie, 2006 et collection association des Glières.)

9 bis. Même photo avec calque des noms réalisé par Miguel Vera.
(Source : Collection Miguel Vera.)

ACCUEILLIR ET RECEVOIR LES JEUNES RÉFRACTAIRES AU STO

Si, depuis fin 1942, les jeunes réfractaires à la relève d'abord et au STO ensuite arrivèrent régulièrement, ce fut à partir de février 1943 qu'il y eut un afflux massif de jeunes en provenance de toutes les régions de France. Ils avaient ouï dire qu'en Haute-Savoie, le maquis accueillait les jeunes réfractaires au STO. Donc, de nombreuses recrues se dirigeaient vers ce département, au prix de bien des péripéties car il fallait qu'ils déjouent les pièges de la police lancée à leur poursuite. Ils arrivaient à pied, en train, en camion, par tous les moyens de locomotion imaginables. Dès qu'ils quittaient leur domicile, ils devenaient des hors-la-loi.

Cette arrivée massive grossira considérablement le nombre de postulants aux maquis et, très rapidement, les chefs de l'AS se retrouvèrent submergés. La population accueillit très bien ces jeunes futurs résistants et se mobilisa pour faire face aux problèmes que posait cette invasion soudaine. Il fallait les héberger, les nourrir, les protéger et surtout les occuper. Mais, malheureusement, très vite la situation se dégrada : pénurie, désœuvrement, manque d'encadrement entraînèrent une démoralisation générale. On a pu assister à des attitudes d'indiscipline, d'incivilité et à des débordements.

Les membres du mouvement Combat (composant de l'AS[1]) appelèrent le commandant Jean Vallette d'Osia, dit Faure, ancien chef de corps du 27e BCA, à l'Auberge du Lyonnais pour lui demander avec insistance de prendre en charge cette nouvelle population. Il lui fut précisé l'urgence de nourrir ces nouveaux arrivants qui débarquaient de toute la France, mais aussi de les former aux armes. Vallette d'Osia, qui avait pour objectif principal de reconstruire une armée pour la libération, hésita à accepter de commander ces jeunes recrues inexpérimentées. C'était un homme dont le but était affiché et résolu et il n'entretenait pas trop de relations avec les résistants de l'AS. Ces responsables le pressèrent donc d'accepter cette nouvelle tâche. Il en avait les moyens et les hommes pour l'encadrement. Il demanda quelques jours de réflexion et, finalement, il consentit à s'en charger.

Une fois la décision prise, Vallette d'Osia et son état-major se mirent résolument à organiser les réfractaires. Le commandant était entouré d'officiers de grande valeur, comme le lieutenant Théodose Morel, dit Tom, le capitaine Maurice Anjot, dit Bayart, le commandant Clair, dit Navant, le capitaine Reille, le capitaine Marquet, auxquels se joindra le sous-lieutenant Jourdan, dit Joubert, qui n'était pas encore dans la région à cette époque. Tous étaient des cadres issus du 27e BCA. Dès lors, nous pouvons considérer la fusion comme effective entre l'AS (composée essentiellement de civils engagés dans le maquis) et le bataillon du 27e BCA. Jean Vallette d'Osia devient le chef de l'AS de la Haute-Savoie.

1. Sigles: voir page 205.

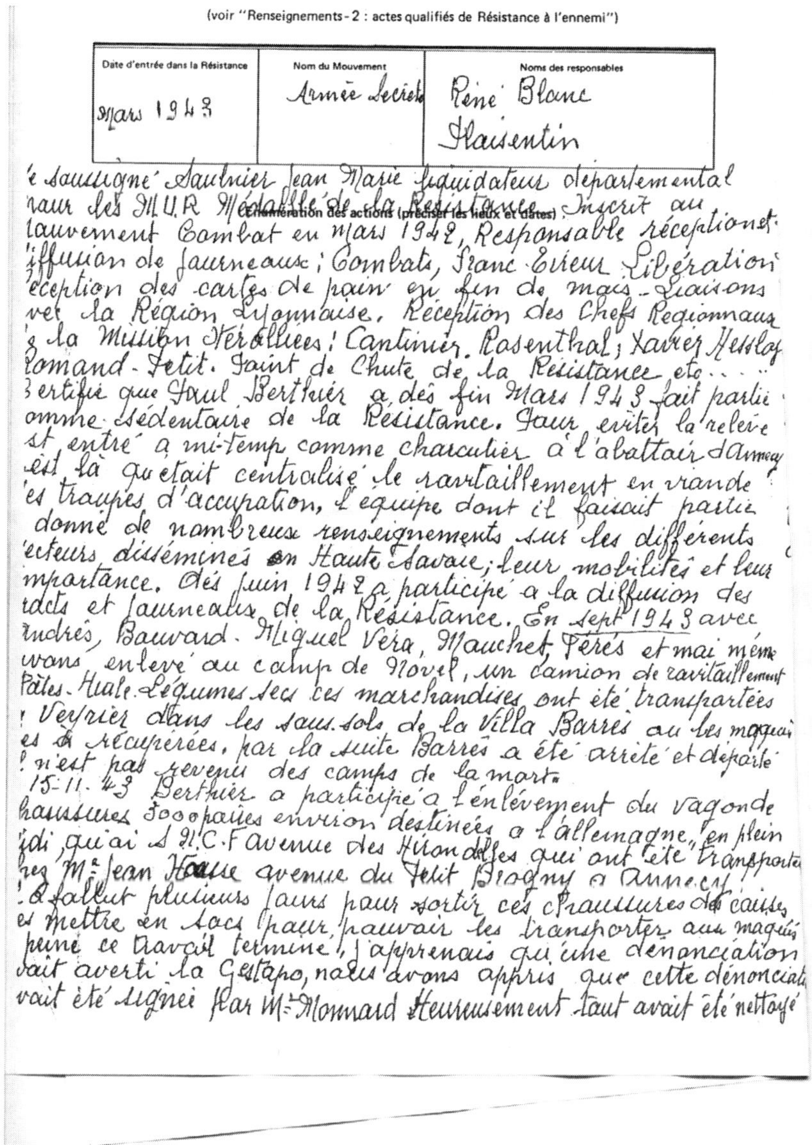
(voir "Renseignements - 2 : actes qualifiés de Résistance à l'ennemi")

Date d'entrée dans la Résistance	Nom du Mouvement	Noms des responsables
Mars 1943	Armée Secrète	René Blanc Plaisentin

Énumération des actions (préciser les lieux et dates)

'e soussigné Saulnier Jean Marie liquidateur départemental
oour les M.U.R Médaille de la Résistance. Inscrit au
louvement Combat en mars 1942, Responsable réception et
iffusion de journaux ; Combats, Franc Tireur Libération
éception des cartes de pain en fin de mois - Liaisons
vec la Région Lyonnaise. Réception des Chefs Régionnaux
s la Mission Interalliées ; Cantinier. Rosenthal ; Xavier Hesslag
Romand-Petit. Point de Chute de la Résistance etc....
Certifie que Paul Berthier a dés fin Mars 1943 fait partie
omme sédentaire de la Résistance. Pour éviter la relève
st entré à mi-temp comme charcutier à l'abattoir d'Annecy
est là qu'était centralisé le ravitaillement en viande
es troupes d'occupation, l'équipe dont il faisait partie
donné de nombreux renseignements sur les différents
ecteurs disséminés en Haute Savoie ; leur mobilités et leur
mportance. Dés juin 1942 a participé à la diffusion des
racts et journeaux de la Résistance. En sept 1943 avec
ndrés, Bouvard. Miguel Vera, Mouchet, Pérès et moi même
vons enlevé au camp de Novel, un camion de ravitaillement
Pâtes. Huile. Légumes secs ces marchandises ont été transportées
Veyrier dans les sous-sols de la Villa Barrès ou les maquis
es à récupérées. par la suite Barrès a été arrêté et déporté
l n'est pas revenu des camps de la mort.
15-11-43 Berthier a participé à l'enlèvement du vagon de
haussures 5000 paires environ destinées à l'allemagne, en plein
idi, quai S.N.C.F avenue des Hirondelles qui ont été transporté
hez Mr Jean Haase avenue du Petit Brogny à Annecy.
l a fallut plusieurs jours pour sortir ces chaussures des caisses
es mettre en sacs pour pouvoir les transporter aux maquis
peine ce travail terminé, j'apprenais qu'une dénonciation
vait averti la Gestapo, nous avons appris que cette dénonciation
vait été signée par Mr Monnard Heureusement tout avait été nettoyé

10. Attestation manuscrite établie par Jean-Marie Saulnier pour témoignage de faits de résistance à l'attention de résistants.
(Source : Collection Miguel Vera.)

DEPORTATION OU INTERNEMENT POUR FAITS DE RESISTANCE

En cas d'internement ou de déportation, établir de manière précise et détaillée le lien de cause à effet entre les actions de résistance, l'arrestation, l'internement, et la déportation (dates - lieux- noms).

Ont participé a l'opération Megevand, Jacson, Ducrettet Miguel, André
Jauvard Demaison Berthier, Montmallon Manchet Monard
Bel etc. Plus tard lors d'émissions clandestines au Mont Fleuri
a abligny Berthier a patrouillé dans le quartier pour signaler
le cas échéant la voiture Allemande de recherches gonio.
le 15 juillet 1944 a la pension Mont Fleuri tenue par ma mère
Madame Saulnier qui avait du accepter une section de
M.R; des contacts avaient été pris avec quelques uns de
ces derniers. le corps franc Raymond contacté vint a la
pension; et revolvers au poing, ils furent désarmés, une
dizaines d'entre eux gagnèrent le maquis avec motos et
side-car. Toutefois les chefs s'étant enfuis avait averti
la Feldgendarmerie qui arriva 10 minutes après leur départ
Berthier avait coupé les fils du téléphone, arreté, durement
malmené il ne dit rien; fut emmené au siége a la
Villa Mary interrogé menacé battu il ne du d'être rélaché

Indiquer le nom (et le cas échéant, le pseudonyme) des personnes susceptibles d'avoir eu directement connaissance de ces activités.

que grace au responsable de l'abattoir ou il travaillait
Berthier continua a l'armée secrète jusqu'a la liberation
le 19-aout 44

La présente attestation est établie pour valoir et servir ce que de droit.

Fait à Anthy sur Leman le 28-10.82

signature

Saulnier

SANCTIONS PENALES

Il est rappelé que, en application de l'article 161 du code pénal, sera puni d'un emprisonnement de six mois à deux ans et d'une amende de 600 Frs à 8 000 Frs ou de l'une de ces deux peines seulement, sans préjudice de l'application, le cas échéant, des peines plus fortes prévues par le code et les lois spéciales, quiconque :

(1) aura établi sciemment une attestation ou un certificat faisant état de faits matériellement inexacts ;

(2) aura falsifié ou modifié d'une façon quelconque une attestation ou un certificat originairement sincère ;

(3) aura sciemment fait usage d'une attestation ou d'un certificat inexact ou falsifié.

10 bis. Suite.

L'ORGANISATION DES MAQUIS ESPAGNOLS DANS LE CADRE DU MOUVEMENT COMBAT

11. Maquisards espagnols en Haute-Savoie dans la neige. De gauche à droite : Miguel Esteven, José Caballero (assis), Demetrio Fernandez, Braulio Ramos Lozano, José Clausell, Manuel Joya, Angel Segura.
(Source : Conseil général de Haute-Savoie, 2006 et collection association des Glières.)

Le maquis espagnol du mont Veyrier avait gardé « son trésor de guerre », et sa mission était le maintien du matériel en bon état de fonctionnement. Ce maquis fut attaqué par les gardes mobiles ; heureusement des infiltrés (du groupe qui agissait dans Annecy) parmi les forces de l'ordre pétainistes avaient prévenu Miguel Vera la veille de l'attaque. Miguel Vera donna l'ordre à ses maquisards de ne pas tirer dans la mesure du possible sur des Français, même collaborateurs. Il répugnait à répandre le sang et il pensait fermement que ses seuls ennemis étaient l'occupant, allemand ou italien. Il insista sur ce point en précisant clairement cet ordre : « Se replier pour éviter toute effusion de sang et mort d'homme inutile et ne tuer que par nécessité extrême[1]. »

Ces maquisards espagnols montèrent donc en surplomb de leur cantonnement et regardèrent avec une vive attention leur camp pris d'assaut par les gardes mobiles. « Certains de leurs assaillants, fous de rage et de haine, prirent pour cible les ustensiles de cuisine, poêles et casseroles, et en les injuriant comme s'il s'était agi de combattants espagnols, les criblèrent de balles, puis brûlèrent un chalet[2]. » L'attaque eut lieu à l'aube ; par mesure de sécurité, les fusils-mitrailleurs étaient pointés vers les assaillants mais, avec sang-froid et sérénité, les maquisards restèrent maîtres de la situation sans tirer un seul coup de feu.

L'alerte avait été chaude et il s'en était fallu de peu que tout le maquis du mont Veyrier soit anéanti. Aussi s'organisèrent-ils autrement, en se réinstallant sur le site (repéré par Richard Andrés) des anciennes charbonnières d'Annecy-le-Vieux. Sur le modèle des baraques des charbonniers, ils construisirent progressivement d'autres « planques », le long du massif forestier du mont Veyrier, du mont Rampon et du mont Rampignon. Les abris érigés, ils se séparèrent par petits pelotons de trois ou quatre hommes, dont une partie avait la charge des armes. Les

1. Récit fait par José Caballero lors de notre rencontre du 2 juillet 2005.

2. *Idem.*

groupes changeaient régulièrement de cantonnement. L'originalité consistait en ce que, d'une section à l'autre, ils ne connaissaient pas le repaire des autres. Ainsi, en cas d'arrestation, il y avait peu de possibilités de dénonciation. Cette pratique fut très efficace. Le maquis du mont Veyrier fut un modèle du genre, même un cas d'école. Les républicains espagnols qui s'y trouvaient se conformaient à des principes incontournables rapportés de leur expérience de la guerre civile dans leur pays, et cette mise en pratique devait assurer la survie de plus d'un compagnon. Résumons quelques principes de base:

– Un maquis doit être discipliné.

– Il doit être mobile.

– Il ne doit pas pouvoir être surpris.

– Il ne doit jamais vivre, manger ou dormir qu'entouré de guetteurs.

– Il ne doit entreprendre des actions de sabotage que sur ordre.

– Il ne doit pas engager d'action subversive de sa propre initiative. Cela peut conduire à des tragédies comme parfois cela a été le cas, ou à des représailles dramatiques contre la population.

Ce maquis du mont Veyrier a appliqué ces principes de façon exemplaire, ainsi que ceux de la Combe d'Ire, de Serraval, d'Usillon. Ces maquis espagnols furent remarqués et appréciés par l'état-major de la Résistance. Le comportement des Espagnols était l'objet d'admiration de la part des chefs militaires et de la population car ils savaient se contrôler, se battre pour un idéal et se donnaient une discipline consentie dans une vie clandestine et une éthique de conduite. Ils n'eurent jamais de reproche quant à leur attitude. Ils surent conserver et défendre les armes et munitions qui leur furent confiées jusqu'à l'instant de les utiliser pour des offensives décidées par le commandement.

La population, qui, pourtant, avait été réticente à accueillir ces «mangeurs de curés, ces rouges», dans une région très pieuse, eut loisir de les apprécier tout au long de ces années.

Jamais d'incidents ou de troubles dans la population locale, pas d'arrogance, ils évitaient soigneusement tout risque inutile, parfois au péril de leur propre sécurité ou de leur propre vie, avec un souci évident des civils, un respect de la France et une volonté de participer jusqu'au bout au combat pour la liberté. Ils étaient de toutes les opérations dangereuses. Ils *« se contentaient de peu »*, pas de confort, peu de nourriture, et trouvaient toujours une utilité surprenante à la chose la plus insignifiante.

Les ordres reçus consistaient principalement à pratiquer des actes de sabotage pour entraver le quotidien de l'armée allemande, mais éviter les affrontements avec celle-ci et se préparer à l'assaut final, au moment décisif pour la libération du territoire. Mais qu'aurait bien pu faire d'autre un maquis contre une armée entière ?

PASSER À L'ACTION POUR CHASSER L'OCCUPANT MAIS RESTER ENSEMBLE POUR SURVIVRE

À cause de la place importante que tenaient les maquis espagnols, aux premiers jours de 1943, Tom Morel décida d'approfondir sa connaissance des combattants espagnols et de les rencontrer personnellement. Il s'adressa donc à un émissaire, l'abbé Benoît, et l'informa de sa volonté de rencontrer leur chef, Miguel Vera. « Elle fut mémorable et décisive[1]. » Elle se tint par une nuit de décembre 1942 car la clandestinité obligeait à une grande prudence pour ce genre de contact qui s'opérait en général la nuit pour plus de sécurité. Leur première réunion se déroula dans un local de l'entrepôt de charbon d'Albigny appartenant à Eugène et Félix Monmasson. Tom en ressortit enthousiaste et, avec son habituelle bonne humeur et son entrain, s'exclama de tout son cœur : « Quel groupe de terroristes ! Un militaire français, un rouge espagnol et un curé, les Allemands n'ont qu'à bien se tenir. » Alors, ils ont pu faire vivre une coopération étroite basée sur l'honneur, la confiance, la fidélité, l'amitié et le respect.

1. Propos de l'abbé Benoît, rapportés par Miguel Vera au cours d'une interview dans *La Résistance savoisienne*, n° 343, 16 août 1945.

Dès mai 1943, une répression féroce s'abattit sur les maquis, instrumentalisée en premier lieu par les Italiens, qui avaient pourtant la réputation d'être peu virulents. Les forces occupantes parvinrent à débusquer et à réduire les maquis de la montagne des Princes, du Môle, de Platé, de Megève, des Dents de Lanfon (le 17 juin 1943), des Confins à la Clusaz, de Montfort à Passy. De jeunes maquisards furent arrêtés et torturés, pourtant ils ne parlèrent pas, et l'Auberge du Lyonnais conserva sa couverture. Après leur préparation militaire, grâce à leur entourage, l'accueil de la population et des autres résistants, ces jeunes avaient acquis une grande conscience de leur rôle et pris la mesure de leur responsabilité de patriotes depuis leur arrivée dans la région.

En septembre 1943, alors que les occupants italiens étaient remplacés par les troupes allemandes et que la résistance commençait à se structurer, à s'affirmer dans la clandestinité en utilisant les méthodes appropriées, le commandant Vallette d'Osia fut arrêté par la Gestapo. Après quelques jours de détention, où il fut soumis à des interrogatoires « musclés », il réussit à s'évader dans des conditions rocambolesques, au cours d'un transfert, en sautant du train, menottes aux poignets. Après un long périple, il parvint à rejoindre de Gaulle à Londres. En décembre 1943, le commandant de la Résistance dans l'Ain, le capitaine Romans-Petit, un combattant de prestige, le remplaça, fort de son expérience d'organisateur d'action militaire. Il arriva en Haute-Savoie, vit et jugea qu'il fallait instruire les toutes jeunes recrues en leur enseignant le maniement des armes, les rudiments de la guérilla, les rendre plus efficaces au combat, les préserver et, de fait pour protéger les maquis, il lui fallait des cadres, or il en manquait cruellement. Il prit la décision de créer sa propre école de cadres, en désignant pour la diriger le sous-lieutenant Louis Jourdan, du 27e BCA, qu'il baptisa Joubert, dès leur première rencontre. Cette décision fut prise au cours d'une réunion tenue secrète dans la villa de la famille d'Élisabeth Lalanne, agent de liaison de l'AS, chemin de Proupeine près de la Visitation, à Annecy.

Pour l'anecdote historique, c'est dans cette maison que Marie-Germaine Morel trouva refuge avec ses trois enfants le jour où elle fut poursuivie par la Gestapo. Et c'est dans ce refuge que Tom la rencontra pour la dernière fois le 3 décembre 1943. À la suite à cette rencontre, Marie-Germaine Morel partit dans l'Ardèche chez des cousins et y resta jusqu'à la Libération. Participaient à cette réunion à haut risque, autour du capitaine Romans-Petit, le lieutenant-colonel anglais Heslop, dit Xavier, et le capitaine Jean Rosenthal, dit Cantinier, de la mission interalliée, officier des Forces françaises libres, les capitaines Anjot et Marquet, du 27e BCA, ainsi que l'architecte Neyrinck, dit Nick, représentant l'AS de Haute-Savoie.

Il restait à fixer l'endroit où fonctionnerait cette école, c'est-à-dire trouver un camp réunissant des conditions bien spécifiques pour pouvoir effectuer cet apprentissage militaire. Ernest Neyrinck et Richard Andrés étaient d'excellents guides du pays. Neyrinck avança un nom de lieu, Manigod, et signala, que dans cette vallée du canton de Thônes, existait un camp pas comme les autres et qui fonctionnait très bien. En effet, il était commandé par un jeune homme, Alphonse Métral, présentant un ensemble de qualités rares pour son âge, formé très tôt aux responsabilités dans les JOC[1]. Il avait su s'entourer d'une équipe solide (André Fumex, entre autres). Dans ce camp régnaient organisation et discipline, tout cela dans la bonne humeur et une chaude camaraderie. À défaut d'activité militaire permanente, ce camp entretenait une activité culturelle qui favorisait les liens d'amitiés et de solidarité. Les jeunes maquisards prenaient le temps et la peine de réfléchir sur les « graves questions qui se posent aujourd'hui et qui se poseront demain[2] ».

Ce camp, situé au lieu-dit La Colas, était composé de trois chalets appartenant respectivement à Francis Collomb, Maurice Blanchin et Moyettaz. Il bénéficiait d'une excellente

1. Jeunesse ouvrière chrétienne.
2. Propos d'Alphonse Métral (entretien du 26 mars 2006).

position quant à la sûreté, à l'écart de tout village, dans un site d'alpage dominant la vallée de Manigod à 1200 mètres d'altitude. Le camp fut unanimement adopté pour créer cette école de cadres du maquis.

Le matériel pour l'instruction était assez restreint. Le colonel Jourdan fit le point : « 17 mousquetons (l'arme des éclaireurs skieurs), 8 mitraillettes Sten, 1 tromblon VB, 6 grenades défensives, 3 FM 24-29, quelques cartouches, pas d'explosifs, un morceau de tableau noir écaillé, quelques bouts de craie, à économiser, et puis deux petits documents que me remit le capitaine Anjot avec quelques directives, un manuel de la guérilla et une biographie du général de Gaulle, de Philippe Barrès, deux documents provenant de Londres[1]. »

Une première formation militaire et civique fut programmée du 22 décembre 1943 au 5 janvier 1944. Le lieutenant Tom Morel demanda au chef Miguel Vera d'y faire participer des combattants espagnols. Ces derniers étaient là moins pour y être instruits, car ces maquisards avaient été soldats ou officiers de l'armée républicaine espagnole et connaissaient parfaitement le maniement des armes, que pour apporter leur expérience du combat et créer parmi les jeunes un climat de confiance et de sécurité. Les choses se déroulèrent selon le souhait et l'esprit de Morel. La participation des Espagnols à cette formation fut judicieuse, puisque trois d'entre eux eurent ensuite des responsabilités au plateau des Glières. Ce sont Antonio Jurado, qui commanda la réserve « renfort de Ebro » aux Fréchets, José Caballero, qui fut chef de sizaine[2], comme Manuel Joya. C'était le résultat de l'anticipation de Tom Morel, qui avait bien mesuré combien étaient importants leur engagement et leur savoir-faire de soldats aguerris par trois années de guerre civile.

---

1. Propos du colonel Louis Jourdan-Joubert.

2. Sizaine : six hommes, par analogie avec l'expression venant du scoutisme qui signifie groupe de six garçons.

MISSION INTERALLIÉE MISSION MUSC DANS LE CADRE DU RÉSEAU MARKSMAN DU SOE

À son arrivée à la tête de l'AS début janvier 1943, le commandant Vallette d'Osia écrivit à Londres pour obtenir des parachutages d'armes car, dès sa prise en main des maquis, le premier problème qui se posa cruellement à lui fut le manque d'armes. Le gouvernement anglais, qui cherchait des points de ralliement en France, était intrigué du « vacarme » produit dans cette région par les forces de la Résistance. Londres était sensible au rapport fait par le commandant Vallette d'Osia au général de Gaulle : « En Haute-Savoie, il y a 2500 hommes qui sont prêts à se battre mais ils n'ont pas d'armes. Ils souffrent cruellement à cause de cela[1]. » Ce fut le coup d'envoi du dossier « Haute-Savoie ». Ce rapport fit impression sur l'officier français instructeur du dossier. Peut-être ne fut-il pas tout de suite crédible pour Churchill, mais Londres envoya malgré tout dès le 22 septembre 1943 la mission d'information, dite mission Musc, pour évaluer le potentiel maquisard en combattants susceptibles d'être armés, dans l'Ain et les Alpes du Nord. Cette mission se rendit d'abord en Haute-Savoie. Elle était dirigée par le lieutenant-colonel britannique Richard Heslop, dit Xavier,

1. *La Bataille des Glières et la guerre psychologique*, Jean-Louis Crémieux-Brilhac. Publication de l'association des Glières, août 2004, p. 10.

du SOE, assisté du capitaine français Jean Rosenthal, dit Cantinier, du BCRA. En moins de trois semaines, la mission fit le recensement des maquisards de l'Ain et de toute la région de Savoie et Rosenthal déclara que « 2 350 hommes sont immédiatement prêts à combattre, et d'un moral à toute épreuve[1]. »

Le rapport étant convaincant, la mission, à peine rentrée à Londres, repartit deux jours plus tard pour la Haute-Savoie et l'Ain avec un nouvel objectif qui, cette fois, n'était plus d'information mais d'action. Dès son arrivée en Haute-Savoie, la mission interalliée fut reçue à l'Auberge du Lyonnais par Jean-Marie Saulnier. Y séjournèrent le lieutenant-colonel Xavier, son opérateur radio Denis Owen Johnson, alias Paul pour les maquisards et Gaël pour Londres, la secrétaire et agent de liaison (courrier) Elisabeth Reynods, alias Rochette, ainsi que le capitaine Cantinier, qui aura successivement comme secrétaires, entre autres, Janette et Michette. Cette dernière était sa nièce et produisit un travail considérable pour la Résistance.

Tous avaient été reçus par Jean-Marie Saulnier à l'Auberge du Lyonnais mais, pour le gîte et le couvert, ce dernier les conduisit à la pension Le Mont-Fleuri, à Albigny, établissement tenu par la veuve Cerille Saulnier[2], mère de Jean-Marie.

Si l'Auberge du Lyonnais ne subissait pas une surveillance étroite, celle du Mont-Fleuri demeura au-dessus de tout soupçon. Jamais les occupants ni les forces de la collaboration vichyssoise ne se doutèrent qu'elle abritait des résistants et des officiels du gouvernement anglais. « C'est un exploit assez incroyable », nous diront à plusieurs reprises des anciens résistants. Les familiers des lieux furent Romans-Petit, Tom Morel, le capitaine Anjot, Miguel Vera et les représentants des gouvernements de Londres et de la France libre.

---

1. *La Bataille des Glières et la guerre psychologique*, Jean-Louis Crémieux-Brilhac. Publication de l'association des Glières, août 2004.

2. Elle sera honorée en recevant la médaille de la Résistance.

Évidemment, par mesure de sécurité, le lieutenant-colonel Xavier et le capitaine Cantinier, représentant de De Gaulle, n'étaient en général jamais au même endroit, sauf bien entendu pour les réunions des chefs de la Résistance. Tous ceux qui ont côtoyé ces deux responsables sont d'accord pour souligner la différence marquante de caractère. Sur le plan du travail et des actions sur le terrain comme sur le plan de la vie quotidienne, Jeannine et Olga, respectivement nièce et sœur de Jean-Marie Saulnier, soulignaient volontiers l'esprit de famille de Xavier. Il aimait vivre en famille, manger à la table familiale, jouer avec la plus petite fille de la maison. À l'opposé, Cantinier mangeait à part. Pour son travail et très absorbé par lui, il disposait de deux pièces, une pour lui et une autre contiguë pour la secrétaire ou l'opérateur radio suivant le cas. Cantinier, en parallèle de son rôle dans la mission Musc, en tant que représentant du général de Gaulle, était investi d'une autorité sur les autres chefs de la Résistance, d'où sa très forte influence et présence sur les événements des Glières. Pour la mission Musc (Musc 1 et Musc 2), il fit un aller-retour à Londres en septembre et octobre 1943 avec Heslop sans pouvoir rencontrer de Gaulle (qu'il avait vu précédemment).

Comme, depuis deux mois, Richard Andrés dirigeait le service SAP, les émissions radio avec Londres étaient réalisées sous son autorité à la pension du Mont-Fleuri. Il était assisté des radios locaux Vuachet ou Fouzy. À l'arrivée de la délégation de la mission Musc, il fut le premier interlocuteur et organisateur. Il assura la liaison journalière entre Xavier et Romans-Petit. L'opérateur radio Paul Johnson, qui ne devait jamais se trouver au même endroit que Xavier, resta peu à l'auberge du Mont-Fleuri. Il logeait chez des paysans de la région, changeant souvent de lieu. C'est Andrés qui devait le suivre, pour le mettre en communication avec Heslop. Ce dernier apprécia beaucoup le rôle joué par Andrés, en qui il avait une confiance totale.

L'activité de Richard Andrés se trouva de fait fortement accrue. Continuant à aider et soutenir Miguel Vera pour la survie des maquis, il prit en charge des tâches comme le ravitaillement ou les cartes de rationnement. Le dernier trimestre 1943 fut consacré à l'action de la mission Musc avec l'appui de toute la Résistance.

L'envoi d'armes en quantité suffisante pour armer les maquisards de Haute Savoie par Londres semblait non seulement envisageable mais imminent et il fallait le plus rapidement possible trouver le ou les terrains pour un, voire des, parachutages de grande envergure et les faire homologuer par les Alliés. Tom Morel et Miguel Vera accomplirent ce travail stratégique avec complicité et confiance mutuelle.

STRATÉGIE DU PARACHUTAGE

Le contexte et les dispositifs en place

En novembre 1943, dans la perspective de recevoir un parachutage massif d'armes de Londres, Miguel fit déplacer le maquis du mont Veyrier à la forêt au-dessus de Nâves, dans le chalet Sadaoui, pour s'approcher d'un site possible pour un parachutage en provenance de l'Angleterre au-dessus d'Aviernoz, au Parmelan.

Dès le début de décembre, Richard Andrés entraîna les résistants espagnols à décrypter des messages codés en écoutant Radio Londres. Et « Gomez Angel descendait chaque soir chez Chappaz, le menuisier du village, pour écouter la radio à l'heure prévue. Sa fille Marie l'installait dans un coin de la cuisine. Un autre maquisard se trouvait chez Sadaoui ou Panisset » selon un témoin[1]. De mémoire, un de ces messages de Londres était : « À Noël, nous mangerons des poulets blancs[2]. » Les choses se déroulèrent ainsi jusqu'à la montée au plateau des Glières pour réceptionner les parachutages.

---

1. Témoignage de Jeanne Garcia enregistré le 26 mars 2006, à Thônes.

2. C'était le texte d'un message codé qui devait annoncer un parachutage au mois de décembre 1943 à l'Anglette, au Parmelan. Mais ce parachutage n'eut pas lieu. C'était le maquis espagnol du chalet Clu qui devait le réceptionner. Au mois de mars de la même année, il y avait déjà eu un parachutage à cet endroit.

Ces responsables se mêlaient étroitement à la population d'Annecy et de sa région, qui finit par adopter le maquis et lui apporter son soutien total, prenant de gros risques soit pour le ravitailler, soit pour porter les messages, soit pour apporter le nécessaire à la survie. Comme nombre de familles avaient des jeunes susceptibles d'être incorporés aux chantiers de jeunesse créés par le maréchal Pétain ou au STO, pour s'y soustraire, ils rejoignaient le maquis. Lucien Perrotin et son ami Gilbert de Lallé montèrent souvent les pentes des montagnes depuis Thorens ou autres villages pour porter vivres et messages.

Les autorités allemandes étaient excédées par l'aide inconditionnelle de la population apportée aux maquisards et décidèrent en représailles de s'attaquer à un village. Ainsi Thônes fut bombardé les 3 et 4 août 1944. L'aviation allemande détruisit de nombreuses habitations et tua une dizaine de civils. Cette action de représailles se déroula le lendemain d'une embuscade organisée par les maquisards contre une colonne de transport de soldats allemands. « Ce jour-là, trois avions lâchèrent une quinzaine de bombes. Les habitants coururent se réfugier dans la forêt, et certains furent fauchés sur la route. Gilbert vit une bombe tomber à quelques mètres de lui. Il s'aperçut qu'il courait vers elle, il se sentit perdu mais, par miracle, elle n'explosa pas. Lucien se terra dans la forêt où il se trouvait pour ramasser du bois, il regardait dégringoler les projectiles. Plusieurs s'écrasèrent sur l'église, qui fut endommagée et particulièrement le confessionnal, tuant la personne qui se trouvait à l'intérieur [1]. » Lucien avait été lui-même pris pour cible par des soldats allemands, le 26 janvier 1944. Les soldats en patrouille se rendaient à La Clusaz en passant par Thônes, ils avaient tiré sur Lucien, l'atteignant à la jambe ; il en garda une claudication toute sa vie.

1. Entretien avec Lucien Perrotin et Gilbert de Lallé enregistré le 3 juillet 2005, à Annecy, chez Lucien Perrotin. Confirmé par son fils Alain Perrotin, par mail, le 23 février 2007.

En janvier 1944, la décision du débarquement était prise et le général Eisenhower prit ses quartiers à Londres. La mission Musc mit en évidence l'efficacité des maquis de Haute-Savoie. La pression se fit de plus en plus pressante auprès des Alliés concernant les besoins d'armes pour cette région, ces appels ou actions furent relayés par Cantinier et Xavier. Leur démarche reçut l'appui du général de Gaulle.

Il fallut donc s'atteler aux préparatifs. Les maquisards avaient retenu comme stratégie que les parachutages devaient avoir lieu sur différents terrains. Pour cela, il fallait localiser les sites les plus propices à ces opérations de grande portée. Les responsables de la résistance locale devaient vérifier les lieux choisis. Tom aimait à s'y rendre pour avoir une représentation réelle du terrain et du milieu. Il était toujours flanqué de Miguel, car il savait qu'il pouvait s'appuyer sur lui en cas de complication ou d'affrontement. Parfois ils se déplaçaient la nuit et devaient surmonter des obstacles imprévus ; « ils aimaient être ensemble dans ces moments difficiles[1] ». Combien de terrains Miguel et Tom allèrent visiter « au bout du monde[2] », dans la neige et le froid, au sommet des montagnes savoyardes !

Ensuite, il fallait que ces terrains fussent homologués par les Alliés. Régulièrement, Tom rendait compte au capitaine Anjot du travail accompli. Ici, il faut noter le travail remarquable que réalisa dans l'ombre le capitaine Anjot car, à cette époque, Romans-Petit était le plus souvent dans le département de l'Ain. Le 20 janvier 1944, Tom Morel, d'après les nouvelles obtenues à l'état-major, laissa entrevoir la concrétisation prochaine d'un parachutage. Le jour devait être indiqué en messages codés par Radio Londres. Il était entendu que, à l'instar des autres parachutages plus modestes, dès le message reçu, le soir même vingt ou trente maquisards monteraient au terrain allumer des feux pour les avions, récupérer les armes, les redescendre dès le lendemain pour les redistribuer aux maquis.

1. Archives Miguel Vera.
2. *Idem.*

Hormis l'attente des parachutages, les actions de harcèlement continuaient dans le département puisqu'il existait beaucoup de maquis accueillant des jeunes réfractaires au STO qui menaient une désobéissance active. Pour la Résistance, l'objectif final était l'insurrection. En Haute-Savoie, « l'activité maquisarde était à son comble[1] », la région était pratiquement en dissidence. Les maquis étaient divers, de l'AS aux FTP[2] mais tous s'attaquaient aux points stratégiques de l'ennemi, le bloquaient dans ses déplacements, lui ôtaient toute quiétude.

Les attentats contre les armées d'occupation et les forces collaborationnistes de Vichy se multiplient durant l'automne 1943 et le début de l'année 1944 dans toute la région, déstabilisant le pouvoir de Vichy. Le 31 janvier 1944, le colonel Lelong, intendant de police, fut envoyé à Annecy. Il fit imprimer puis apposer des affiches décrétant l'état de siège dans tout le département. Il fit alors un rapport en déclarant : « Dans le département, des cantons entiers, chef-lieu compris, échappaient complètement à l'autorité gouvernementale... Des milliers de réfractaires tenaient la campagne (...)[3]. » Pour Berlin comme pour le gouvernement de Vichy, la Haute-Savoie n'était « qu'un nid de terroristes[4] ».

Cette situation était insupportable pour les autorités d'occupation et leurs complices zélés. Laval nomma Joseph Darnand[5] secrétaire au maintien de l'ordre et le chargea, à titre personnel, d'anéantir cette farouche opposition.

---

1. *La Résistance en Haute-Savoie*, Cdrom AERI/Conseil général de Haute-Savoie.

2. Sigles voir page 205.

3. Déclaration du 7 mars 1944, au journal *Nouveaux Temps* (*La Bataille des Glières et la guerre psychologique*, Jean-Louis Crémieux-Brilhac. Publication de l'association des Glières, août 2004).

4. Propos de Julien Helfgott recueillis le 26 mars 2006.

5. Pendant l'occupation allemande, il s'engage dans le comité directeur de la Légion des volontaires français. En janvier 1943, il devient secrétaire d'État au maintien de l'ordre et chef de la Milice, à la tête de laquelle il organisa une répression sanglante contre les Résistants. On lui doit entre autres les tragiques tribunaux d'exception dont les juges gardaient l'anonymat et dans lesquels les prévenus étaient rejugés par rétroactivité.

Le régime hitlérien, ne voyant aucun résultat venir, s'impatientait car Berlin avait sans cesse des échos d'insubordination du département de la Haute-Savoie, et ne pouvait tolérer plus longtemps qu'une poignée d'hommes lui fasse un tel affront. Il exigea du gouvernement de Pétain qu'il anéantisse, dans les plus brefs délais, « ce nid de bandits[1] » sinon il se chargerait de mettre la région au pas. L'état-major nazi donna comme ultimatum la date du 12 mars 1944 (pour certains ce serait le 10 mars 1944). Si Pétain ne réussissait pas à déloger ces maquisards, l'Allemagne concentrerait sur la région une division entière de chasseurs de réserve. De fait, la 157e division de la *Wehrmacht*, basée à Grenoble et forte de 11 000 chasseurs aguerris à la montagne, fut mobilisée et prête à faire route vers les Glières. Comme le gouvernement de Vichy ne put arriver à bout de « ce nid de bandits », après les échecs des tentatives des GMR et de la Milice, l'armée allemande se mit en mouvement d'approche le 12 mars 1944.

Les résistants étaient en position haute et avaient placé leurs hommes de telle façon que l'ennemi ne pouvait les atteindre. Plus d'une fois, des miliciens voulurent forcer le passage et furent faits prisonniers ou abattus. La Milice et les GMR ne purent rien faire non plus. Donc, une fois l'ultimatum expiré, les troupes de la *Wehrmacht* passèrent à l'action et, dès le 23 mars, la division allemande encercla le plateau. Au premier rapport de son état-major, les officiers de la division allemande déclarèrent : « À pied, il sera impossible de déloger l'ennemi. » Aussi l'occupant prit la décision d'envoyer l'aviation, en reconnaissance, puis de bombarder le terrain.

La « grande nouvelle de Londres[2] » pour les maquis

Pendant ce temps, les demandes insistantes auprès de Londres portèrent leurs fruits. Le 27 janvier 1944, dans une réunion restreinte de son gouvernement, Churchill déclara :

1. *Combattant des Glières*, de Constant Paisant, éditions Curandera.
2. Entretien Miguel Vera le 2 juillet 2005.

« J'ai décidé de porter aide aux patriotes français[1]. » Inutile de préciser avec quelle immense joie et bonheur les responsables de la Résistance accueillirent cette nouvelle. Mais, en même temps, quel contrecoup, quel choc, quand, deux jours après, les mêmes responsables comprirent que Darnand allait « frapper un grand coup ». Mais revivons ces événements, ces actions mises en place par Darnand, car des opérations de maintien de l'ordre de grande envergure se préparaient. De toute la France, des trains spéciaux de renfort de police roulaient vers la Haute-Savoie. Les affiches proclamant l'état de siège étaient sous presse.

Face à cette situation imprévue, l'état-major de l'AS fut convoqué en réunion de crise, le 30 janvier. Étaient présents : Cantinier, Romans-Petit, le capitaine Anjot, le commandant Clair, le lieutenant Tom Morel et Miguel Vera. Ce dernier avait été introduit dans l'état-major par Tom et participait à toutes les réunions concernant l'organisation des parachutages. La question qui se posa fut la suivante : « Comment établir une stratégie pour la réception des armes dans différents sites[2] ? » Six lieux avaient été retenus et homologués par les Alliés. Mais l'état de siège de la région et l'énorme renfort de police qui affluait de toute la France n'allaient-ils pas compromettre ces parachutages ? Dans certains terrains trop faciles d'accès, les armes ne risquaient-elles pas d'être récupérées par les forces ennemies ? Une discussion très animée s'engagea, Tom Morel réfuta toute idée de « réduit alpin[3] ». Il prônait la mobilité des maquis. Cet aspect des choses avait été maintes fois discuté entre Miguel et Tom, leur accord était parfait sur l'organisation, le fonctionnement et les actions du maquis et ils avaient en général un point de vue identique. Mais, dans cette nouvelle situation, Tom concevait qu'il serait plus propice de choisir un

1. Compte rendu officiel de la séance *Les Dieux et les Hommes,* Emmanuel d'Astier de la Vigerie, page 84, Julliard 1952, et cité dans *La Bataille des Glières et la guerre psychologique*, Jean-Louis Crémieux-Brilhac. Publication de l'association des Glières, août 2004.

2. Entretien du 3 juillet 2005 avec le général Jean-René Bachelet.

3. *Idem.*

terrain difficile d'accès et que, par conséquent, l'opération de récupération des armes prendrait plus de temps. Ce qui impliquait un effectif d'hommes plus conséquent. Cantinier, lui-même, était pour un terrain unique très difficile d'accès donc facile à défendre, mais voulait y faire converger, immédiatement, un groupe très important trois cents à quatre cents, pourquoi pas cinq cents hommes. Tom, qui connaissait bien le terrain, défendit le point de vue d'un lieu difficile d'accès compte tenu de la situation d'état de siège, mais compensé par une grande mobilité des hommes donc un nombre assez restreint. Tom, qui tenait à des groupes mobiles et peu repérables, défendit avec opiniâtreté son point de vue, jusqu'à obtenir l'aval de ses supérieurs. Miguel Vera ne disait rien pendant ces échanges mais éprouvait satisfaction et fierté devant l'attitude de Tom. Finalement, il fut décidé d'opter pour un terrain très difficile d'accès, mais avec seulement cent vingt hommes. « Ils devaient attendre le parachutage prévu pour la pleine lune de février et redescendre tout de suite après[1]. »

Ce fut ainsi que Xavier fit demander à Londres de concentrer tous les parachutages sur un seul site. Ce terrain difficile d'accès qui offrait les conditions idéales pour l'opération de parachutage était le plateau des Glières.

Romans-Petit, qui avait quantité de responsabilités dans l'Ain, pensait qu'il fallait qu'il y retourne, en portant ce jugement qu'avec Tom Morel la Résistance était entre de très bonnes mains. De fait, il nomma Tom Morel chef de tous les maquis de la Haute-Savoie, avec pour mission immédiate de monter au plateau des Glières et réceptionner les armes promises par Churchill, à la pleine lune de février.

La montée au plateau, le parachutage du 14 février 1944

Le 31 janvier au matin, Tom Morel donna l'ordre aux maquis de la vallée de Thônes de monter au plateau des Glières. Tom Morel, ayant vécu et partagé du temps avec les

1. Entretien du 26 mars 2006 avec Alphonse Métral, à Thônes.

Espagnols, les appréciait suffisamment pour s'appuyer sur leur expérience de la lutte. Dès qu'il fut nommé chef des maquis avec la mission de monter à Glières pour la réception des parachutages, il fit aussitôt appel à eux.

Il était entendu que les Espagnols ne partiraient que le 1er février. Miguel Vera bénéficiait de vingt-quatre heures pour organiser la montée au plateau des maquis placés sous son contrôle. Dans le contexte de l'époque et de la guerre, cela relevait d'une prouesse de réunir ces hommes sans courrier ni téléphone ni aucun moyen de communication. Seuls les agents de liaison pouvaient être mis à contribution. Heureusement, Miguel reçut l'aide précieuse et efficace du pragmatique Neyrinck, dit Nick. Tout le monde fut *« fin prêt*[1] *»* l'après-midi du 1er février. C'est ainsi qu'à la barbe de l'ennemi, le maquis de la Combe d'Ire embarqua à Doussard dans des camionnettes en direction du Petit-Bornand. De même pour le maquis du Bouchet de Serraval. Celui d'Usillon grimpa directement par la forêt. Le plus pittoresque fut celui du Chalet Clu, qui ne trouva qu'un camion plateau (ceux qui transportent le bois) pour se déplacer jusqu'à Usillon. De là, les hommes grimpèrent jusqu'au Pas du Roc, où ils s'engagèrent sur un sentier abrupt pour atteindre Champ Laitier.

Une anecdote marqua cette arrivée : il avait été convenu que les maquisards attendraient dans le chalet du garde forestier que Tom vienne lui-même les chercher pour les guider ensuite jusqu'à Glières, à travers la montagne des Frêtes, et Tom devait être seul. Il est possible que Tom n'ait pas accordé assez d'importance à ce détail ; il se présenta donc accompagné de plusieurs maquisards mais, quand ils sortirent de la forêt et se trouvèrent en terrain découvert, les Espagnols, n'ayant pas reconnu le déroulement des consignes, mirent tout de suite un fusil-mitrailleur en batterie et lancèrent en l'air une rafale d'avertissement. Les balles allèrent se perdre dans les arbres au-dessus des têtes des arrivants. Tom immédiatement

1. Archives Miguel Vera.

compris et avec ses compagnons fit rapidement marche arrière et se précipita dans le sous-bois. Il en ressortit, cette fois seul comme il avait été convenu. Ce petit accrochage, qui confirma que les républicains espagnols n'étaient pas de ceux qui se laissent surprendre, fut particulièrement apprécié du jeune lieutenant.

L'approche du plateau

Les cent vingt résistants partis, dans la neige, de Manigod, du Bouchet de Serraval, du Grand et du Petit-Bornand... devaient attendre sur le plateau la pleine lune de février 1944. Sur ce nombre, il y avait cinquante-cinq Espagnols sous le commandement direct du commandant Vera plus Antonio Buesa[1], qui figurait sur la liste de la section Bayard, et qui resta toujours aux côtés de ses compagnons français. Il fallait tenir le temps qu'ait lieu le parachutage, car les hommes devaient impérativement récupérer les armes envoyées par Londres.

À partir de là, les circonstances allaient s'emmêler pour parvenir au drame et au deuil d'un bien grand nombre de ces valeureux combattants. Dès l'arrivée des Espagnols sur le plateau des Glières, le 1er février 1944, Miguel Vera créa la section « Ebro », et en remit solennellement le commandement au lieutenant de la place, son ami Tom Morel. Ce dernier demanda au commandant espagnol d'organiser militairement cette section. Miguel Vera scinda en deux parties la section et nomma les responsables. La section « Ebro » fut commandée par Gabriel Vilches Agueyo, connu sous le nom de capitaine Antonio, avec pour adjoint Jorge Navarro, et la section « renfort de Ebro » fut commandée par Antonio Jurado. José Caballero et Manuel Joya furent nommés chefs de sizaine. Tom Morel les affecta immédiatement sur les positions les plus difficiles à défendre, « Ebro » au Talavé et « renfort de

1. Voir témoignage du 20 mai 2006.

Ebro » aux Fréchets, positions dominant la montée au plateau à partir du Petit Bornand, chemin muletier et seul accès au plateau à cette époque. Morel, par amitié et par respect pour Miguel Vera, qui était son aîné, ne manquait jamais de l'informer des décisions, de lui rendre compte des opérations et de s'enquérir de son sentiment avisé concernant les actions auxquelles participaient les sections « Ebro » et « renfort de Ebro ». Cette étroite collaboration amicale fut bénéfique pour l'unité et la motivation de ces maquisards envers lesquels Miguel conservait toute son autorité.

Les Espagnols, forts de leur expérience de guerre, endurcis par tant d'années de souffrances et de privations, s'accommodaient bien des rudes conditions hivernales. D'emblée, ils firent l'admiration de jeunes Français qui rejoignaient le maquis et se sentaient rassurés par leur présence et leur expérience. Ils leur apprirent bien des *« astuces*[1] *»* pour s'arranger du mieux possible en semblable situation. Les officiers français, à l'instar de Tom Morel et du capitaine Anjot, les appréciaient beaucoup. « Ils formèrent la section "Ebro", qui fut l'une des meilleures grâce à sa discipline... Quant au groupe d'Espagnols, nous avons dit sa parfaite conduite avant, pendant et après Glières, n'en déplaise à la propagande franquiste ou vichyssoise. Le mérite de Tom est d'avoir su fondre ces recrues diverses en un bataillon homogène par sa tenue et son esprit[2]. »

Après avoir conduit et installé ses hommes sur le plateau, Miguel Vera resta avec eux, mais continua, aussi, à diriger le groupe clandestin qui opérait sur Annecy et participa à d'autres actions de résistance sur la région. La lutte contre l'occupant ne cessa pas pendant l'attente de la mission « plateau des Glières ». Vera resta en contact avec l'état-major de l'AS et eut au moins deux missions à effectuer commandées par le capitaine Anjot.

---

1. Entretien du 26 mars 2006 à Thônes avec Alphonse Métral.
2. Louis Jourdan-Joubert, Julien Helfgott, Pierre Golliet : *Glières, première bataille de la Résistance*, éditions association des rescapés des Glières.

En général, les montées et les descentes du plateau s'effectuaient par Entremont et le Petit-Bornand, et il fallait au bas mot, pour un homme bien entraîné et connaissant parfaitement la région, une journée pour descendre et autant pour monter. Dans ces conditions, il paraissait impossible d'effectuer de fréquentes allées et venues. Pourtant, Miguel le faisait car il avait acquis en peu de temps une parfaite connaissance de tous les raccourcis qui menaient au plateau ou permettaient d'en descendre. Ainsi, il descendait du côté d'Usillon, s'arrêtait à la ferme de Jean Charrière (père de Mme Garcia) à la Louvatière, y mangeait et, suivant l'heure, y dormait. De la Louvatière au plateau par la forêt, il faut compter deux heures et demie de trajet (un peu moins pour descendre). Miguel Vera partait en vélo pour Annecy qui était à environ deux heures ou se rendait à la Roche-sur-Foron, dans un temps équivalent. Entre la Louvatière et Thorens, il n'y avait que quelques kilomètres. À Thorens, il y avait un service d'autobus pour Annecy que Miguel pouvait utiliser quand il n'y avait pas de danger. Or, la Résistance, fort bien renseignée, prévenait en cas de problème. Voici comment Vera réussissait à concilier sa présence au plateau et la direction des actions qu'il conservait avec son groupe d'Annecy, les contacts avec les autres groupes de résistants, avec l'état-major de l'AS et l'accomplissement des missions spéciales. Il restait, bien entendu, aussi en contact permanent avec le plateau car, les jours où il ne pouvait remonter, Rodrigue Perez, le courageux agent de liaison des Espagnols, descendait régulièrement l'informer et lui transmettre les messages. Après le 15 mars[1], à cause de l'encerclement du plateau, il devint de plus en plus difficile d'accéder au plateau ou d'en descendre, Miguel alors ne descendit plus.

Des Français inexpérimentés, mais présents à leur côté à toutes les offensives, le disent encore aujourd'hui : « Les Espagnols avaient, par rapport à nous, la supériorité de la connaissance des combats en montagne. Ils savaient s'accommoder

1. Propos rapportés par Jeanne Garcia, que nous remercions pour ces éclaircissements.

d'un rien et Tom comptait sur eux. Il faut savoir que, pour beaucoup d'entre nous, nous n'avions même pas effectué notre service militaire[1]. »

Premier espoir de parachutage

Le parachutage avait été prévu aux environs du 10 février 1944, par pleine lune. Pour l'approche du terrain, les avions avaient trois repères : le lac Léman avec, au bout, la ville de Genève illuminée (à l'opposé des villes savoyardes plongées dans l'obscurité du fait de l'état de siège), le lac d'Annecy et le mont Blanc. L'approche finale était guidée par quatre feux allumés par les maquisards. Mais l'attente fut vaine : à cause du temps exécrable, d'épais nuages bouchaient l'horizon. Les tempêtes de neige succédaient aux tempêtes de neige.

« Les avions sont partis d'Angleterre, mais n'ont même pas pu localiser le lac Léman », racontait volontiers la rumeur. Cette phrase traduisait-elle l'espoir nourri par les résistants de voir arriver ces avions ? En tout cas, plusieurs tentatives eurent lieu à partir de l'Angleterre qui furent ajournées pour cause de mauvais temps. Enfin, le grand jour arriva : « le 14 février, une petite fenêtre de la météo permit le largage de seulement cinquante-quatre conteneurs. À peine de quoi armer les résistants présents sur le plateau, mais loin s'en fallait pour le maquis de notre région, qui regroupait environ deux mille cinq cents hommes[2]. »

Le vif et réel espoir « du grand parachutage[3] » s'enfuira avec la lune de février... Mais une lueur restait : il fut programmé pour la lune de mars. Les chefs du maquis interpellèrent les responsables de l'AS : « Attendons-nous ici la prochaine pleine lune de mars ou redescendons-nous dans la vallée, pour remonter ensuite[4] ? »

---

1. Entretien du 26 mars 2006 à Thônes avec Alphonse Métral.
2. Entretien du 26 mars 2006 avec Alphonse Métral.
3. *Idem.*
4. Entretien du 26 mars 2006 avec Julien Helfgott.

Pendant ce temps, dans la vallée

De nombreuses données avaient changé. Le 7 février 1944, Romans-Petit avait quitté la Haute-Savoie pour rejoindre l'Ain, où les Allemands étaient très actifs. Il fut suivi par Heslop, dit Xavier. Le commandant Clair, dit Navand, le remplaça à la tête de l'armée secrète. Auprès du commandant Clair, Jean Rosenthal, dit Cantinier, allait exercer pleinement ses fonctions de délégué de la mission interalliée. Il joua de toute son influence pour conduire les événements du plateau des Glières selon sa propre stratégie. Ne rêvait-il pas de revivre Bir Hakeim en France ? – L'image pour nous est saisissante, les républicains espagnols contribuèrent au succès glorieux de la bataille de Bir Hakeim. – Le regroupement au plateau fut vite connu de la population, et la légende du plateau des Glières commença à prendre vie puis s'amplifia, ce qui attira des groupes de maquisards, soit pour avoir des armes, soit pour y trouver refuge.

Les réactions des forces ennemies

La réaction des forces ennemies se structurait. L'encerclement du plateau se renforçait de jour en jour. Les opérations des forces de maintien de l'ordre furent déclenchées dès les premiers jours de février :

– Rafle de la Milice à Thônes le 5 février.

– Attaque à l'Essert par les gardes mobiles le 7 février.

Le 12 février eut lieu à l'Essert le premier affrontement sanglant : quatre tués, trois blessés, quelques prisonniers du côté des gardes mobiles, aucune perte du côté des maquisards.

Inquiet de ses pertes, Lelong envoya un émissaire demander une entrevue au capitaine Anjot, un des chefs du maquis. La rencontre eut lieu le 14 février à la Villa Mary, en ville. Lelong proposa à Anjot de laisser redescendre les maquisards en fermant les yeux à condition que ce dernier lui livre les républicains espagnols. Anjot, ulcéré d'une telle audace et très respectueux des combattants espagnols, refusa catégoriquement cet immonde proposition[1], « Lelong prit langue avec le capitaine Anjot afin de négocier la vie sauve pour les maquisards.

L'entrevue dura deux heures. Lelong posa, en contrepartie de son laxisme à l'égard du camp des Glières, beaucoup de conditions dont, entre autres, que lui fussent livrés les républicains espagnols combattant sur le plateau.

Refus indigné et catégorique du commandant Clair et du capitaine Anjot et, de ce fait, aucune suite ne sera donnée à cette entrevue[2]. »

Dans ce contexte nouveau et compliqué, avec l'encerclement qui se resserrait chaque jour, Tom Morel dut prendre au quartier général du plateau une décision ferme et trancha : « J'y suis, j'y reste ! » Les officiers décidèrent donc de camper sur le plateau pour attendre la lune suivante. Si redescendre représentait un risque, remonter en était un plus grand encore. Tom Morel avait disposé ses hommes (cent vingt qui montèrent entre le 31 janvier et le 1er février et rejoignaient les trente qui campaient déjà en haut) de manière à prévenir toute attaque. Le 26 février, les FTP du groupe Lamouille rejoindront le plateau : « (...) Il y avait le groupe Maurice Coulomb, commandé par Marius Cochet, dit Franquis (...). Le groupe Liberté chérie commandé par Marcel Lamouille, dit Maxime. Les survivants de la compagnie FTP 93-08 se joignirent à eux. Tom Morel accueillit chaleureusement ces renforts providentiels et, s'il en prit le commandement, il leur permit de rester groupés dans leur formation initiale (...)[3]. »

---

1. Rencontre annoncée également dans la chronologie détaillée des Glières : *Glières, symbole de la Résistance française*, dossier effectué à partir du travail de Michel Germain, auteur du livre *Glières*, mars 1944, paru lors du cinquantième anniversaire de la bataille des Glières et édité par La fontaine de Siloé.

2. Témoignage de Joachim Turon qu'il tenait d'un codétenu lorsqu'il était enfermé à l'intendance d'Annecy qui, depuis le 13 février 1944, était devenu et un lieu de détention et de tortures pour les patriotes ; il est fait état de Clair et d'Anjot mais il semble que seul Anjot fut présent à cette réunion (archives de Miguel Vera).

3. Extrait de *Combattants de Glières*, Constant Paisant annexes p. 321-322.

LA FIN TRAGIQUE DU LIEUTENANT TOM MOREL

12. Présentation des armes du bataillon des Glières, maquisards français et espagnols au plateau des Glières présentant les armes le jour de la prise de commandement du capitaine Anjot après la mort du prestigieux chef Tom Morel.
(Source : Conseil général de Haute-Savoie, 2006, et collection association des Glières.)

Pour tenir jusqu'à « la prochaine lune », Tom Morel estima qu'il lui fallait du renfort en hommes, ce qu'il demanda avec insistance à ses supérieurs. Pour continuer à vivre sur le plateau dans des conditions climatiques pénibles et avec un équipement rudimentaire, il fallait maintenir haut le moral des troupes. En ces circonstances pénibles, Tom fit preuve de grandes qualités humaines qui lui valurent les louanges des hommes qui le côtoyaient. « Enthousiasme et application, audace et méthode, jeunesse et maturité, c'était tout cela qui, en lui, avait donné vie au plateau[1] ».

Le 20 février 1944, Tom Morel fit planter un grand mât, hissa les couleurs de la France et déclara ce terrain « premier territoire libre de France ». Il fit adopter à ses hommes la célèbre formule : « Vivre libre ou mourir », qui restera inscrite dans l'histoire de la Résistance et deviendra la devise du plateau des Glières. Les hommes l'ovationnèrent et, dès ce jour, dans toutes les sections, ils hissèrent les couleurs pour débuter la journée, quand cela était possible. Grâce aux émissions clandestines de la BBC, cela fut connu, relayé et répercuté dans tout le pays. Radio-Londres annonçait : « Il y a trois pays qui résistent en Europe : la Grèce, la Yougoslavie et la Haute-Savoie.[2] »

Maurice Schumann, qui se consacrait à la propagande pour la France Libre sur Radio-Londres, glorifia l'action du plateau des Glières. Radio-Alger et d'autres radios résistantes en Europe reprirent ses émissions. Bientôt la réputation du plateau des Glières atteignit l'ensemble des populations touchées par la guerre et l'occupation nazie et collaborationniste. Radio-Paris qui, de Londres par la voix de Pierre Dac, était ridiculisée par ce célèbre slogan : « Radio-Paris ment, Radio-Paris est allemand », et Radio-Berlin mirent tous leurs efforts à les injurier, à les traiter de lâches et de terroristes, à salir leur glorieuse

1. Louis Jourdan-Joubert, Julien Helfgott, Pierre Golliet : *Glières, première bataille de la Résistance*, association des rescapés des Glières.
2. Témoignage dans le film *Vivre ou mourir* de Denis Chegaray (2004).

image. Cette rivalité radiophonique prit le nom de guerre des ondes. Cette bataille psychologique par ondes se déroulait à l'insu des protagonistes qui, eux, coincés sur leur plateau, encerclés par les forces de la collaboration, n'avaient ni le loisir ni la possibilité d'assister à ces joutes propagandistes.

Tom rayonnait sur tout le plateau ; quand on s'y attendait le moins, il arrivait « en coup de vent[1] ». Il y avait un problème, un danger ? Tom était là, aussitôt. Les Espagnols ont ainsi beaucoup à raconter sur Tom. Il faut dire qu'il leur portait un regard particulier et avait une grande confiance en eux. Dès le début, étant donné leur nombre par rapport à l'effectif primitif (cinquante-cinq sur cent cinquante), il en fit la colonne vertébrale de son dispositif. Les liens qui se tissèrent entre Tom et les Espagnols furent très forts, solides et indestructibles. En parlant d'eux, il disait *« mes »* Espagnols. José Salvador, la Liebre, de la section « Ebro », raconte : « Tom aimait beaucoup être avec nous. Il mangeait plus souvent avec nous qu'à son QG[2]. » Angel Gomez, pour évoquer l'ambiance amicale et enjouée qu'il maintenait entre eux, rappelle : « Souvent, alors que quelques-uns se trouvaient en repos à l'intérieur d'un chalet, la porte s'entrouvrait, une tête apparaissait qui criait : "Ohé ! Les terroristes !" C'était Tom[3]. »

L'objectif premier de Tom était de recevoir les armes et de les redescendre, mais pas dans l'immédiat d'attaquer les forces ennemies. Le 9 mars, Cantinier arriva avec les ultimes consignes de Londres ; sa forte personnalité imposait ses points de vue avec conviction et sans contestation possible. Il déclara : « Considérez-vous comme une tête de pont, parce que le débarquement des troupes alliées est imminent. J'ai des informations sûres. Vous allez recevoir des parachutages massifs et le renfort d'un bataillon canadien » Cela impliquait que les résis-

1. Entretien avec José Caballero le 2 juillet 2005, Annecy.

2. Lire son témoignage en annexe, archives du Conseil général de Haute-Savoie.

3. Lire son témoignage en annexe.

tants devaient par tous les moyens occuper, voire harceler les Allemands, dans le but de les empêcher de regrouper leurs forces contre les Alliés. Depuis le temps que ce débarquement était promis, la nouvelle paraissait crédible. Tom Morel dut donc décider de la stratégie à mettre en œuvre.

Des GMR, installés, depuis l'avant-veille, à l'Hôtel de France à Entremont, gênaient considérablement l'approvisionnement du maquis et ses mouvements. Tom décida d'intervernir, car, avec son sens de la résistance, il pensait au maintien indispensable de l'enthousiasme de ses troupes. Cela aussi accentua l'idée de déloger les GMR, de les arrêter si possible vivants afin qu'ils puissent servir d'otages ou d'échange contre des maquisards tombés entre les mains de ces serviteurs zélés de l'Allemagne, notamment le médecin du plateau. Le lieutenant Tom Morel avait envisagé de décrocher avant d'être complètement encerclé mais la visite de Jean Rosenthal (Cantinier), qui lui annonçait un parachutage et des renforts imminents, le contraint à rester avec ses hommes sur le plateau en attendant ce parachutage. L'attitude des résistants du plateau fut primordiale pour décider le gouvernement anglais à accentuer ses parachutages. Le général de Gaulle dira à Louis Jourdan : « C'est grâce aux Glières que j'ai pu obtenir des parachutages importants pour la Résistance[1]. »

L'après-midi du 9 mars 1944 fut la dernière fois que Miguel parla avec Tom, date à laquelle ils mirent sur pied un plan d'attaque de l'Hôtel de France, à Entremont, où la GMR venait d'établir garnison. Cette information lui avait été communiquée par le lieutenant Bastian, chargé du ravitaillement du plateau, qui l'avait lui-même apprise d'un paysan envoyé par les hôteliers l'informer. Il s'était fait expliquer le plan des lieux par le personnel des hôteliers. L'officier s'était précipité au plateau pour communiquer à Tom ces détails importants sur l'activité des GMR alentour. Tom avait convoqué les com-

1. *La Résistance en Haute-Savoie*, Cdrom AERI/Conseil général de Haute-Savoie.

mandants de compagnie pour leur communiquer le plan. Il fallait coûte que coûte en finir avec eux avant le prochain parachutage, libérer leurs prisonniers et en « découdre avec l'ennemi [1] ». Au cours de l'entrevue entre Morel et Vera, d'accord pour cette opération, ce dernier s'informa de l'endroit où il devait poster les Espagnols. Ils héritèrent de la mission de bloquer tous les accès à l'hôtel par les routes avoisinantes [2]. Ils devaient à tout prix empêcher tout renfort de miliciens ou de gardes. Une centaine d'hommes étaient engagés pour cette action dont vingt-cinq Espagnols. De plus, Tom voulait surprendre les GMR dans leur sommeil pour avoir l'avantage. Il avait demandé à un de ses hommes de s'infiltrer dans l'hôtel par la porte de derrière et d'aller directement à la chambre 4, celle du commandant Lefèvre de la section des GMR. La consigne était de le neutraliser.

Le résistant infiltré dans l'hôtel entra et se dirigea vers la chambre 4, mais le commandant ne s'y trouvait pas. Alerté par des aboiements et des coups de feu, il était descendu dans la salle commune. Alors le maquisard se plaça au pied de l'escalier et, quand l'attaque débuta, il fit prisonniers un à un les GMR qui se présentaient. Les mettant en joue avec sa mitraillette, il en désarma une bonne quinzaine [3]. « Mais dehors les armes crépitèrent. Dans le silence de la nuit, l'alarme fut donnée par les aboiements d'un chien inquiet des mouvements qu'il percevait, bientôt tous les chiens lui firent écho. Aussitôt les projecteurs s'allumèrent et des coups de sifflets de police retentirent. Il régnait dans le village un grand tumulte. Et les combats faisaient rage. Un peu partout les groupes de maquisards étaient aux prises avec un ennemi soli-

---

1. Entretien avec José Caballero et Miguel Vera, le 2 juillet 2005, à Annecy.

2. Archives Miguel Vera.

3. Antonio Buesa affirme être ce résistant et Maurice Levet dit avoir entendu cela de sa mère, mais cette version de la présence et du rôle d'Antonio Buesa est très controversée par les autres résistants notamment par Alphonse Métral, présent aux côtés de Tom Morel ce jour-là, et d'Angel Gomez.

dement retranché derrière ses barrages[1] ». Mais l'interception du groupe de GMR de l'hôtel de France s'annonçait comme un succès. La GMR fut neutralisée avec son commandant, celui-ci, désarmé et tenu en respect par deux maquisards, se trouvait face à Tom. Une violente discussion s'engagea entre les deux hommes. Tom lui reprocha avec vigueur et colère son manque de parole et sa trahison en tant qu'officier français par sa collaboration avec l'ennemi. Pour toute réponse, le commandant sortit promptement un pistolet qu'il cachait dans sa botte et exécuta Tom à bout touchant. Les maquisards répliquèrent dans l'instant et une terrible fusillade s'ensuivit. Lefèvre fut tué, ainsi qu'un de ses lieutenants ; du côté des résistants, Géo fut atteint mortellement, Frizon grièvement blessé (il mourra plus tard) et il y eut quelques blessés de moindre gravité.

C'est le docteur Marc Bombiger qui informa Vera de la fin tragique de Tom. Celui-ci en fut atterré à en rester incrédule : « Je me croyais trempé par toutes mes années de lutte mais, à cette minute, combien je me suis senti faible, défaillant, j'en ai pleuré. Je l'aimais comme un fils[2] » avouera-t-il à son fils, plus tard.

Tous les résistants présents sur les lieux furent choqués sinon traumatisés, mais il fallait continuer la lutte et remonter vers le plateau. Les maquisards se déplacèrent du côté des Esserts, de l'autre côté du pont qui enjambe le Borne ; le corps de Tom fut momentanément déposé[3], dans l'attente de l'arrivée d'un traîneau qu'un maquisard était allé chercher dans une ferme des environs. Angel Segura, un des républicains espagnols, le cœur meurtri par le drame, était là, près du corps inerte de son chef. L'attente lui parut interminable

1. D'après Pierre Golliet, dans Louis Jourdan-Joubert, Julien Helfgott, Pierre Golliet : *Glières, première bataille de la Résistance*, association des rescapés des Glières.

2. Archives Miguel Vera.

3. Entretien avec José Caballero le 2 juillet 2005, Annecy.

et insupportable. Ce corps ensanglanté gisant sur la neige lui devenait insoutenable. Il saisit Tom, le mit sur ses épaules et entama la montée vers le plateau. Son pas fut aussitôt emboîté par les autres camarades espagnols, qui se relayèrent pour porter à dos d'homme la dépouille de leur lieutenant. Leurs pieds s'enfonçaient dans cinquante centimètres de neige. « Derrière eux, nous étions une longue file morne et silencieuse. Plus de la moitié de la rude ascension fut parcourue ainsi avant que le traîneau nous rejoigne. Enfin, nous atteignîmes le centre du plateau[1] » rappellera, affecté, Julien Helfgott.

À l'infirmerie du camp, une pièce fut utilisée en chapelle ardente, grâce à des toiles de parachute bleues, blanches et rouges et décorée d'une croix de Lorraine[2]. Avec les résistants français, José Caballero et une sizaine montèrent une garde d'honneur en armes, tout le restant de la journée et toute la nuit.

Cette nuit-là, le froid était mordant, peut-être moins de 20°, mais les honneurs furent rendus, jusqu'au lever du jour. Pour les combattants espagnols, c'était à la fois un honneur, un devoir et un acte d'affection envers leur lieutenant Tom Morel.

Le lieutenant Jourdan remplaça Tom à la tête du bataillon jusqu'au 13 mars, jour où le lieutenant Bastian, en tant qu'officier le plus ancien immédiatement disponible, prit le commandement jusqu'à l'arrivée du capitaine Anjot, le 18 mars 1944.

Les obsèques du lieutenant Morel eurent lieu le 13 mars. Ses parents, prévenus, purent y assister malgré les barrages, ainsi que le père Benoît, aumônier du camp, et le curé du Petit-Bornand. Tom Morel fut inhumé au pied du grand mât qu'il avait lui-même fait élever au centre du plateau. Où lui et ses maquisards avaient fait le serment de « Vivre libre ou mourir ».

1. Entretien du 26 mars 2006.
2. Entretien avec José Caballero le 2 juillet 2005, Annecy.

13. Escorte espagnole au capitaine Anjot et aux cinq autres tués à Nâves, lors du transfert à Morette le 18 octobre 1944.
(Source : Collection Rodrigue Perez et Conseil général de Haute-Savoie, 2006.)

L'ATTAQUE DU PLATEAU PAR LA *WEHRMACHT*

Le lendemain de la mort du lieutenant Morel, Radio-Londres annonçait : « Le petit homme aime le Byrrh. Le petit homme aime les tessons de bouteille[1]. » C'était le signal du parachutage tant espéré, quelle rage que Tom ne pût pas le réceptionner. Tard dans la nuit du 10 au 11 mars, dix-sept « Forteresses volantes » déversèrent cinq cent quatre-vingts conteneurs, pendant quatre heures d'affilée, sur le plateau des Glières, représentant entre 45 à 50 t d'armes et de munitions[2].

La récupération de ce parachutage fut délicate pour diverses raisons, tant matérielles ou atmosphériques qu'humaines. La neige était tombée en abondance et avait rendu infructueux le repérage des conteneurs. Ces derniers étaient souvent enfouis sous 2 m de neige ne pouvant utiliser des moyens mécaniques ou des animaux de trait, le transport se fit à dos d'homme. Bien que les combattants vinssent de vivre la tragédie de l'Hôtel de France, leurs officiers avaient tellement déployé

---

1. Tous les ouvrages ou travaux sur les Glières donnent le message code du parachutage de la nuit du 10 au 11 mars 1944, dont *Combattants des Glières*, Constant Paisant, éditions Curandera, 1994.

2. D'après les archives de la Royal Air Force et confirmé par Jean-Louis Crémieux-Brilhac par courrier du 27 février 2007 : « Les archives de la RAF mentionnent pour le 10 mars vingt bombardiers quadrimoteurs envoyés vers les Glières, dont dix-sept parvenus au but, ce qui ne peut pas faire plus de 45 à 50 t de matériel ».

d'arguments pour convaincre Londres d'effectuer ce parachutage que tous les résistants mirent du cœur à l'ouvrage pour prendre possession des armes qu'ils attendaient depuis si longtemps. Sur le plateau, pour ce parachutage, ils étaient entre deux cents et deux cents vingt maquisards, puisque le groupe FTP de Lamouille les avaient rejoints. Ils bénéficièrent d'une « aide supplémentaire » avec les soixante-dix GMR (cinquante-sept qu'ils avaient arrêtés au cours de l'opération contre l'Hôtel de France à Entremont et une quinzaine, le lendemain, pendant l'attaque de Notre-Dame des Neiges). Ils furent donc requis par le maquis et apportèrent leur contribution volontaire ou involontaire à la recherche et au transport des conteneurs. Il fallut près d'une semaine pour récupérer tout le parachutage [1] dans la neige. Les hommes entassaient au fur et à mesure les armes et les munitions dans un chalet de réserve, en attendant de tout rassembler et de pouvoir le descendre vers la vallée. Le temps de leur présence sur le plateau commençait à être trop long et aggravait singulièrement leur situation. Les jours suivants, le commandant Humbert Clair, dit Navand, envoya sur le plateau des renforts qui avaient été demandés par Tom, soit près de deux cents hommes supplémentaires qui se joignirent à cette tâche. D'autres résistants montèrent au plateau, attirés par la possibilité de récupérer des armes pour leurs maquis, pour continuer la résistance et aussi par la réputation de ces maquis, qui dépassait largement le périmètre du département de la Haute-Savoie.

Prise en main par la *Wehrmacht* des opérations de nettoyage

Après le parachutage du 10 mars, la garde mobile et la Milice lancent des attaques contre les maquisards du plateau mais elles sont repoussées. Dès le 12 mars, l'aviation allemande survola le plateau car le parachutage avait été signalé et repéré. La *Wehrmacht* déclencha l'opération « Korporal ». Les aviateurs prirent

1. Entretien Miguel Vera, amicale de la résistance espagnole.

des photos[1] de l'occupation du plateau par les résistants, et les chefs allemands se rendirent compte que le maquis ne possédait aucune défense antiaérienne. Dès le lendemain, plusieurs avions commencèrent à « arroser le terrain » à très basse altitude. Durant toute l'attaque intensive de l'aviation, les accrochages Milice et GMR contre maquisards se multiplièrent. Tandis que la 157e division de la *Wehrmacht* (qui comprenait des bataillons de chasseurs de montagne et de l'artillerie), qui faisait mouvement pour encercler le plateau, attendait pour passer à l'attaque, l'artillerie lourde occupait les alentours du plateau tandis que les attaques aériennes faisaient rage. Le général Pflaum, qui commandait cette 157e division de réserve allemande, installa son QG à l'Impérial Palace à Albigny durant les manœuvres d'approche de sa division, puis il se transporta à Thônes pendant l'attaque. Le 23 mars, les troupes de police allemande, les chasseurs de montagne et l'artillerie prirent position autour du plateau et l'encerclèrent. Les bombardiers vinrent de plus en plus près des cibles pendant l'attaque du plateau et bombardèrent sans relâche, tous les jours, jusqu'au 26 mars, où il y eut alors des attaques à la mitraille. Tous les chalets sans exception furent détruits. À ce moment-là, l'infanterie allemande et les troupes ennemies attaquèrent le plateau des Glières sur plusieurs points à la fois, tout au long de la vallée du Borne, par le côté le plus aisé d'accès, le flanc qui donne sur le Petit-Bornand et Entremont. Ils mirent le feu à tout ce qui restait encore debout.

1. *La Longue marche de la division 157*, Christian Wyler, 2004.

LA MORT DU CAPITAINE MAURICE ANJOT, DIT BAYART

Le 18 mars, le capitaine Maurice Anjot, vu l'évolution de la situation, prit la responsabilité et le commandement du plateau des Glières. La situation était dramatique, tous l'avaient constaté, mais Anjot décida tout de même de monter au plateau, se battre sinon pour l'honneur mais pour prouver que rien ne déferait leur foi en la victoire finale. La dernière lettre qu'il envoya à sa femme nous informe qu'il avait parfaitement conscience d'aller à la rencontre de la mort, mais il avançait lucidement, en assumant sa fonction d'officier. À son arrivée, le 18 mars, il réorganisa le dispositif de défense, compte tenu d'un effectif plus étoffé, et plaça des hommes en amont de la position espagnole. C'est donc ces groupes-là qui étaient en première ligne et qui devaient affronter les premiers l'armée allemande.

Le matin du 26 mars, la journée débuta par une attaque allemande à Lavouillon, à 8 heures, et un accrochage entre des résistants et la Milice à l'Enclave, qui prit de l'ampleur. L'attaque allemande débuta par un premier affrontement du côté du col de Spée. Une attaque assez violente, où les maquisards virent tomber au moins six ennemis. Après une accalmie, ce fut un feu infernal de mitrailleuses et de canons. Il existe de fortes suppositions que cet accrochage ne fût qu'une tactique de diversion, à l'opposé du lieu initialement prévu pour une attaque d'envergure. Les bombardements s'intensifièrent tout au long de la journée. En effet, l'attaque fut déclenchée vers

15 heures, heure locale, contre la position de Monthiévret. La bataille de l'après-midi fut extrêmement dure, violente, féroce, mais la résistance des maquisards demeura indéracinable. Miguel Vera, qui prétendait toujours avec humour que les balles ne le courtisaient pas et l'avaient toujours évité durant la guerre d'Espagne, confessa volontiers qu'il n'avait jamais entendu autant de balles siffler à ses oreilles comme pendant les assauts des Stukas, le dernier jour de l'offensive sur le plateau[1]. Cette journée-là, à la tombée de la nuit, le combat cessa, les Allemands donnèrent l'ordre de repli vers 18 heures et redescendirent pour se réorganiser, impressionnés qu'ils étaient par la puissance de feu et la résistance de leur ennemi. Ils n'avaient jamais pensé ni eu l'idée qu'ils allaient affronter une véritable armée de l'ombre tandis qu'a contrario les maquisards croyaient ou avaient la certitude que l'armée allemande prendrait position sur le plateau.

Anjot estima alors que l'honneur du maquis était sauvé, ses maquisards avaient engagé la bataille, ils avaient défendu avec courage leur position pour l'honneur, et pour la France, avec le souci de préserver un maximum de vies humaines. Maintenant, il pouvait donner l'ordre du décrochage et ordonna donc le repli à la faveur de la nuit, avec mission à chacun de rejoindre son maquis d'origine. Il réunit les officiers autour de lui, Jourdan, Lalande et d'autres, et leur dit : « L'honneur est sauf, on peut considérer que l'ennemi est sur le plateau, ce n'est pas avec quatre cent soixante-cinq hommes que l'on pourra en arrêter des milliers (Anjot ne connaît pas à ce moment l'effectif allemand). On peut donc honorablement donner l'ordre du repli[2]. »

À 22 heures[3], l'ordre fut passé que chaque combattant rallie son maquis d'origine. Mais le plateau était si vaste, les déplacements si difficiles, surtout à cause de la neige, et les groupes si

1. Archives Miguel Vera.

2. *Idem*.

3. Le détail de la journée est tiré d'un dossier paru pour le 50e anniversaire de la bataille des Glières (par l'association des Glières), à partir du travail de Michel Germain (*Glières, mars 1944*, édité par La fontaine de Siloé).

éloignés les uns des autres que certains ne reçurent l'ordre du décrochage que sur le coup de 2 heures du matin. Ce fut le cas du groupe FTP de Franquis, prévenu par un Espagnol. Ils s'attendaient à une descente assez meurtrière car ils pensaient devoir traverser des zones occupées par l'ennemi. Les hommes étaient épuisés, mais finalement les choses se passèrent mieux que prévu, les Allemands – contre toute attente – étaient redescendus dans la vallée et les maquisards ne pouvaient soupçonner qu'une chose aussi incroyable ait pu se produire[1].

José Caballero, qui avait la responsabilité d'une sizaine de la section « Ebro », n'eut connaissance de l'ordre d'exfiltration qu'à 3 heures du matin et lui et ses hommes furent sans aucun doute les derniers à quitter le plateau. La lumière de l'aube commençait à éclairer leurs derniers pas sur la neige. Quelques heures plus tard, José sauvera la vie de ses hommes et d'autres Français qui étaient avec lui, « en jetant une corde de parachutiste le long d'un précipice, réussissant à l'amarrer solidement et permettant ainsi à ses hommes de s'échapper, sans encombre, par le ravin[2] ».

Maurice Anjot partit vers la gorge d'Ablon, escorté du lieutenant Lambert Dancet et de Vitipon, se regroupant avec Angel Gomez[3], qui cheminait devant avec Manuel Corps Moraleda, Florian Andujar Garcia, Antonio Perez Ortiz, trois Espagnols qui fermaient la marche. Le capitaine, tout comme Tom Morel, était toujours entouré de combattants espagnols, restés fidèles jusqu'à la fin du combat, et qu'il tenait en grande estime. Le groupe progressait avec une extrême prudence pour ne pas éveiller l'attention. Angel Gomez dut son salut à son instinct d'ancien combattant. Quand le capitaine Anjot et son groupe voulurent se diriger vers le chalet Sadaoui pour une

1. *Combattants des Glières*, Constant Paisant, éditions Curandera, 1994.

2. Voir témoignage page 132.

3. Il est le seul témoin survivant de l'embuscade qui coûta la vie au capitaine Maurice Anjot.

halte, seul Gomez dit : « Mon capitaine, moi j'y vais pas, j'ai l'impression que c'est dangereux[1]. » « Bonne chance[2] ! » lui répondit le capitaine. Et, si Angel se dirigeait vers l'orée du bois, le groupe Anjot allait droit à la rencontre de la mort. À cet instant, cet après-midi du 27 mars 1944 vers 17 heures, le capitaine Anjot et ses hommes, qui n'avaient pas dormi ni mangé depuis deux jours, épuisés, n'avaient dans ces conditions plus la perception du danger. Gomez, éreinté, s'endormit comme une souche à l'entrée du bois, quand il fut tiré de son sommeil par une fusillade nourrie. En bougeant sur la neige gelée, il produisit un léger craquement, ce qui lui valut une giclée de balles dans sa direction. Il eut juste le temps de plonger dans le fourré pour se cacher. Tous ses compagnons furent tués.

Il se faufila parmi les broussailles et resta accroupi sans bouger jusqu'à la nuit tombée, le temps que le silence se rétablisse. Il passa alors devant le chalet et aperçut ses compagnons allongés devant la porte. Il en manquait un, Manuel Corps Moraleda. Il avait été laissé pour mort alors qu'il n'était que blessé et, revenu à lui, il avait réussi à s'enfuir. Il s'était traîné jusqu'à la ferme des A. et s'abrita dans la maison vide. Quand la vieille fermière rentra, il lui demanda de l'aide car il était sérieusement blessé au ventre. Elle refusa tout net et le jeta dehors, alors il alla se réfugier dans la grange. Au petit matin, le fils de la fermière et sa femme le découvrirent, l'expulsèrent de la grange et le rouèrent de coups de bâton et de pioche jusqu'à ce que mort s'ensuive.

Pourquoi ces fermiers avaient-ils eu une attitude pareille ? Pourtant, par solidarité, les Espagnols les avaient aidés à leurs travaux des champs. La réaction des fermiers est d'autant plus surprenante qu'ils avaient souvent participé à l'aide au maquis. Avaient-ils cédé à un vent de panique et de peur, entourés ainsi de tant de soldats ennemis ? Nul ne le saura jamais.

---

1. Angel Gomez, entretien du 26 mars 2006 et archives du Conseil général de Haute-Savoie.

2. *Idem.*

Dès les premiers jours de la Libération, les maquisards leur ont « réglé leur compte, en les fusillant [1] ».

Gomez, après avoir constaté la mort de ses compagnons, poursuivit son périple avec la plus grande prudence. Il avait idée de rejoindre une baraque dans les bois au mont Baron, « où il était en pays de connaissance [2] ». Il contourna le village de Nâves, passa par la ferme des Panisset. Il lui fallait encore franchir le Fier et la route de Sur-les-Bois à Thônes, pour traverser les lignes ennemies. Il se servit de son expérience de la guerre d'Espagne, où il avait appris, par exemple, qu'il ne fallait jamais dans la nuit allumer une cigarette, car la flamme pendant une ou deux secondes éblouit le fumeur et son entourage. Or il se trouvait coincé dans l'eau sous un pont gardé par une sentinelle allemande et un milicien, qui se rejoignaient au centre du pont. Il devina leur identité car au moment où ils se rejoignaient, l'un « baragouinait quelque chose en allemand » et l'autre répondait « j'y comprends rien [3] ». Il désespérait de pouvoir passer quand un des deux eut envie d'une cigarette. Gomez se souvint de la consigne et attendit le moment propice de l'apparition de la flamme et se précipita pour rejoindre le pont et passer de l'autre côté. Il finit par rallier la région amie où il trouva des secours en la personne de Pierre Velu, du village d'Alex, qui le cacha dans une maison forestière pendant une semaine et lui envoya au bout de ce temps un autre groupe de six Espagnols en cavale, parmi lesquels se trouvait José Caballero [4].

---

1. Le récit de la mort tragique de Manuel Corps Moraleda fut établi à partir de faits relatés par les habitants de Nâves et repris par Angel Gomez.

2. Angel Gomez, entretien du 26 mars 2006 et archives du Conseil général de Haute-Savoie.

3. *Idem.*

4. Lire récit d'Angel Gomez et de José Caballero en annexe.

14. Une partie de la section « Ebro ».
(Source : Conseil général de Haute-Savoie, 2006, et collection association des Glières.)

14 bis. Le calque avec les noms.

RÉORGANISATION DE LA LUTTE APRÈS LES GLIÈRES

Après ce tragique épisode, les hommes avaient dû rejoindre leur maquis d'origine, ce qui fut ni facile ni possible pour tous, surtout pour ceux qui, comme les Espagnols, connaissaient peu la région. Miguel Vera, assisté de son adjoint Alfonso Martinez, sillonna toute la région pour regrouper les résistants espagnols dispersés.

La chasse aux maquisards

Au bout d'une semaine environ, le maquis d'Usillon, le plus près du plateau, se reconstitua à peu près à la moitié de l'effectif initial. Les hommes de ce maquis avaient retrouvé le chemin qu'ils empruntaient avant l'attaque du plateau des Glières par l'armée allemande. Cette connaissance du terrain les aida à échapper à la vigilance des patrouilles allemandes qui quadrillaient le terrain. José Salvador et Teofilo Peñalver conduisaient ce maquis d'Usillon et jouaient à cache-cache avec leurs poursuivants. Alors qu'ils venaient à peine de sortir d'un chalet où ils avaient passé une partie de la nuit, ils entendirent un bruit de frottement sur la neige et comme un sifflement à travers les sapins. « Nous nous sommes mis à l'abri et avons aperçu une patrouille de soldats alpins allemands à skis, habillés de blanc et armés jusqu'aux dents, qui s'arrêtèrent devant le chalet que nous venions de quitter. Quelques soldats entrèrent dans le chalet et en ressortirent aussitôt, car il était vide. Le groupe de soldats allemands s'éloigna de quelques pas et fit sauter le chalet avec des grenades, puis il quitta les lieux, laissant la bâtisse en flammes[1].» Pour subsister, chaque soir, José Salvador descendait jusqu'à Usillon se ravitailler chez la famille de Marcel Sonnerat, qu'il connaissait et qui, avant les Glières, pourvoyait déjà au ravitaillement du maquis. Quand la zone fut complètement abandonnée par les troupes ennemies, ils purent se «sédentariser[2]» dans un chalet de garde forestier.

Au mont Baron également, sur le flanc qui domine le village d'Alex, un groupe put se reconstituer avec l'arrivée de Gomez, secouru par Pierre Velu, du groupe de José Caballero, et de maquisards qui venaient d'autres groupes. José Caballero et ses hommes cherchaient à rejoindre le maquis de la Combe d'Ire, mais ils furent avertis que les Allemands faisaient barrage au col de Bluffy, et ils durent se rabattre vers le mont Baron. À ce moment, ils s'étaient établis dans une cabane de M. Paris, qui possédait une petite exploitation forestière. Une dizaine de jours à peine après le repli du plateau, Angel Gomez emmena quatre de ses compagnons aux Glières récupérer des armes. Il put déclarer avec fierté: «Le 18 avril, nous étions un maquis armé et prêt, attendant des ordres[3]!»

Angel Segura et trois autres camarades avaient erré quelques jours sur le Parmelan, se nourrissant de racines, avant de descendre du côté d'Aviernoz. Ils trouvèrent refuge chez Jean Charrière, à la Louvatière. Ils séjournèrent quelques jours dans la montagne au-dessus de la Louvatière, ravitaillés par Jean Charrière, jusqu'au moment où Miguel Vera vint les ramasser. Le groupe d'Angel Segura était constitué de quatre autres maquisards, José Mari Juan, Francisco Perea Galan, Juan Guasch Norega, et Andrés Tripiana. Ces derniers n'avaient pas

1. Entretien avec José Caballero et Angel Gomez le 26 mars 2006.
2. Archives de l'association espagnole du maquis des Glières.
3. *Idem.*

voulu attendre au Parmelan que les barrages fussent levés totalement et étaient descendus vers la vallée. Avec beaucoup de ruse et d'habileté, ils avaient manœuvré pour franchir les lignes, mais se sentaient quelque peu perdus. Ils devaient rejoindre le maquis du Bouchet de Serraval qui se trouvait dans la direction opposée. Ont-ils baissé leur garde en traversant une petite route ? Surpris par une patrouille allemande, ils se jetèrent précipitamment dans le fossé, mais trop tard : repérés, arrêtés, torturés, ils furent tous déportés en camp de concentration, dont ils sont, heureusement, revenus vivants.

Dans l'ensemble, Miguel Vera put regrouper la plupart des autres rescapés au Semnoz et former un maquis de trente-cinq hommes. Il fallait démontrer le plus rapidement possible que la Résistance était toujours debout, prête à harceler l'ennemi, l'empêcher de vivre en paix, entraver tous ses mouvements. Miguel Vera s'attela au travail avec la ténacité qui le caractérisait, mais la situation était tout autre et le jour fatidique des Glières avait changé les donnes. De plus, Tom mort, Richard Andrés mort, Anjot mort, seul Nick resté du côté de Chamonix avec un groupe de maquisards, Miguel se retrouvait isolé avec son groupe, et les nouveaux responsables de l'AS connaissaient mal les Espagnols.

Forestier, qui avait pris le commandement de l'AS regroupée dans la région de Thorens, n'avait jamais eu de contact avec Vera. Il faut aussi retenir que, dans les maquis, il n'y avait ni archives, ni dossiers. Miguel Vera n'avait jamais eu à demander aucune aide ni argent ; les finances lui arrivaient par le canal de Richard Andrés et, les derniers mois, par Tom Morel ou le capitaine Anjot. Maintenant, il se trouvait quelque peu désemparé et isolé. Même s'il recevait un peu de trésorerie, ce n'était pas suffisant pour le nombre de maquisards qu'il devait nourrir, loger, soigner, habiller et faire vivre.

Pour la première fois, en avril 1944, Miguel Vera fut arrêté. Interpellé par un agent de la Gestapo sur le quai du canal de l'Évêché, qui est parallèle à la rue Sainte-Claire, « Plus exactement sur le pont du Passage de l'Évêché, qui relie la rue Sainte-Claire au quai de l'Evêché. Ce devait être un mardi ou un vendredi, puisque c'était jour de marché. Comme l'individu était seul, Miguel se débattit et réussit à passer le triste sire par-dessus le parapet du pont. Puis il se mit à courir en fendant la foule[1] ». Un soldat allemand, l'apercevant, donna l'alerte avec son sifflet. Tous les soldats allemands en faction se mirent sur le qui-vive et, dès que l'un d'eux apercevait le fugitif, il alertait au sifflet. Bientôt, tout Annecy retentit des sinistres coups de sifflet et le fugitif se retrouva vite encerclé. L'unique avantage dont il bénéficia fut que les soldats, au contraire des hommes de la Gestapo, ne savaient pas que l'homme qui courait était un personnage très important de la Résistance départementale.

Deux gendarmes, passant par là, levèrent le regard et l'un d'eux s'écria : « Merde, ils ont arrêté Miguel[2] ! » L'autre rétorqua : « Viens, nous allons le leur reprendre[3] ! » Et, n'écoutant que leur détermination, ils hélèrent les deux soldats allemands : « Eh ! Mais bravo, cela fait plusieurs mois que nous le recherchons. Vous avez attrapé un fieffé voleur et trafiquant ! Donnez-nous-le, il est sur nos fiches depuis si longtemps, il est à nous[4] ! » Mais les soldats refusèrent et conduisirent Vera à la *Kommandantur*. Les gendarmes, ayant suivi, insistèrent auprès du gradé pour reprendre le prisonnier qui, selon eux, était un droit-commun. Ils firent tant et tant que le commandant allemand de la place, excédé, leur remit l'individu, un soi-disant voleur de poules.

Très vite, au cours du transfert d'une prison à l'autre, ils le laissèrent s'évader. Une belle victoire mais, pour l'anecdote, en 1947, Miguel Vera sera convoqué au tribunal pour y être jugé en tant que « voleur de poules[5] », l'affaire ayant suivi le cours

1. Archives Miguel Vera.
2. Entretien avec Miguel Vera.
3. *Idem.*
4. *Idem.*
5. Archives de l'association espagnole du maquis des Glières.

lent mais imperturbable de la justice! Un non-lieu[1] fut rapidement établi.

Vera dut user de mille astuces pour assurer la survie de ses maquis. Le 13 juin 1944, il fut, pour la seconde fois, fait prisonnier par les Allemands à Annecy alors qu'il s'occupait du ravitaillement de ses hommes. Enfermé aux vieilles prisons, sans aucun jugement, on lui annonça qu'il serait fusillé le lendemain à l'aube. Le groupe de résistants qui agissait sur Annecy apprit son arrestation et fut informé de son exécution prochaine. Connaissant parfaitement les habitudes et les méthodes de l'occupant, les résistants mirent sur pied un plan d'évasion d'une audace inouïe. Une équipe de maquisards chevronnés, moitié Espagnols moitié Français dont un venait de Thorens, fut amenée sur Annecy pendant la nuit. Avant l'aube, ils entourèrent la prison, dissimulés derrière chaque relief, chaque aspérité de l'architecture moyenâgeuse du bâtiment, quelques-uns restant de chaque côté du canal sous une arcade. Au moment de l'arrivée de la relève de la garde, saisissant l'instant précis où la porte s'ouvrait, ils donnèrent l'assaut et libérèrent le prisonnier. Ils prirent la fuite, laissant enfermés et désarmés les soldats allemands; cette opération ne dura que quelques minutes. Ainsi, Miguel Vera put rejoindre le maquis du Semnoz. Conscient que la situation devenait dangereuse et son maquis trop exposé, il envisagea de déplacer sérieusement ses hommes.

À ce moment, le capitaine Bonfils, haut responsable des FTP, au courant des difficultés des maquis espagnols, contacta Miguel Vera et lui proposa une rencontre, qui eut lieu rapidement. Au cours de cette réunion, Bonfils lui suggéra de rejoindre le maquis de la Chapelle Rambaud et d'intégrer les FTP. «Ainsi il n'aurait plus aucun problème d'intendance[2].» Les FTP étaient très bien organisés et implantés du côté du Chablais. Miguel Vera exposa la situation et l'offre qui venait de

1. *Idem.*

2. Début juin 1944, des contacts avaient été établis entre le comité de libération espagnol et les responsables FTP de la région.

lui être faite par Bonfils aux chefs de l'AS, qui donnèrent leur accord pour que son maquis se déplace vers la Chapelle Rambault. Puis il consulta ses hommes, qui acceptèrent à l'unanimité la proposition de se déplacer du Semnoz vers la Chapelle Rambaud. Et, les jours suivants, les autres maquis le rejoignirent, tous les républicains espagnols résistants en Haute-Savoie se retrouvèrent à la Chapelle et créèrent la compagnie 93-17[1].

Quand ils arrivèrent, ils furent accueillis avec enthousiasme et participèrent au repas organisé « en leur honneur, un vrai festin de jambon et fromage, comme ils en avaient oublié l'existence[2] ». Ils furent habillés de pied en cap[3]. Ils sortaient quotidiennement en mission et occupaient la zone de liaison entre Annecy, Bonneville et Cluses.

À cause de l'affrontement et de l'opposition dans les combats au plateau des Glières, les Allemands étaient plus que jamais vigilants et sur leurs gardes. Pourtant, les maquis devaient immobiliser les convois militaires. Même si la libération de la France s'annonçait, en Haute-Savoie les combats s'opéraient dans l'urgence, et les accrochages étaient souvent meurtriers. Très souvent, les résistants, dont bien sûr les Espagnols, partaient en embuscade, coupaient des arbres pour barrer les routes, harcelaient les convois et contrôlaient des portions entières de routes, où l'ennemi ne voulait plus s'aventurer.

Le 9 août 1944, Miguel Vera fut fait une nouvelle fois prisonnier. Devant se rendre à une réunion d'état-major à la Roche-sur-Foron, depuis la Chapelle Rambaud, il partit avec son adjoint et tous deux tombèrent dans une embuscade à l'entrée de La Roche-sur-Foron. « La seule façon de réagir dans ces cas est de se défendre[4]. » Il s'ensuivit une violente bagarre mais, sous le nombre de leurs assaillants, les deux hommes furent

---

1. Il était de coutume de désigner ainsi les groupes aux FTP.
2. Archives de l'association espagnole du maquis des Glières.
3. *Idem*.
4. Entretien avec Miguel Vera.

réduits à l'impuissance et se retrouvèrent pieds et mains liés[1]. Reconnus comme « des terroristes », ils allaient être exécutés sur-le-champ. Brefs préparatifs et formation d'un peloton d'exécution ; les fusils étaient déjà pointés sur eux quand un officier, en examinant les papiers et les armes dont Miguel Vera était porteur, se rendit compte qu'il avait fait là une jolie capture, « un gros bonnet de la Résistance[2] ». Il sursit à l'exécution ; une fois de plus, Miguel survivait à son destin presque par miracle. Une minute de plus, il était trop tard[3] !

Miguel Vera fut remis en cellule, puis transféré à Bonneville, où il y avait une garnison allemande importante. Avec son compagnon d'arrestation, ils furent torturés : Miguel Vera perdit la vue de l'œil droit et garda des traumatismes au foie et aux intestins. Ces séances de tortures durèrent trois jours et il fut si amoché qu'il ne retrouva jamais totalement sa santé physique[4]. Tout au long de sa vie, il se plaignit de maux, car il avait eu la cage thoracique défoncée et des organes touchés par les coups[5].

Malgré leur acharnement, les bourreaux ne purent rien en tirer, aucun nom de maquis, rien ne transpira ni ne sortit de sa bouche. Alors, de dépit, les Allemands voulurent s'en servir comme bouclier humain pour circuler de Bonneville à Annecy, car la route gardée par les maquisards était devenue impraticable pour eux. Ils formèrent un convoi d'armement et d'engins de guerre et attachèrent Vera sur le premier camion, telle une figure de proue. Ainsi, ils purent passer sans encombre sur la route de la Chapelle Rambaud et il fut, dans ces conditions, amené à Annecy et conduit en prison.

---

1. *Idem.*
2. *Idem.*
3. *Idem.*
4. *Idem.*
5. *Idem.*

Les événements se précipitaient, et l'effervescence était à son paroxysme. C'était le 14 août, la libération de la Haute-Savoie commençait. Les soldats allemands en garnison à Annecy n'étaient plus ceux qui l'avaient arrêté, une partie des informations s'était dissoute dans le transfert. Cela pouvait ou servir le prisonnier ou au contraire l'amener plus vite vers la mort. Certains voulaient chaque jour le fusiller, d'autres le garder comme monnaie d'échange. Puis enfin, un soldat des Sudètes, qui avait été enrôlé de force, voulut se sauver et pour cela délivra Miguel, qui s'échappa avec lui.

À un jour ou deux de la libération d'Annecy, Miguel Vera put rejoindre les Espagnols de son groupe et participer à la victoire et à la libération de la Haute-Savoie. Une page de notre histoire s'inscrivait pour notre mémoire collective au travers de ce peuple d'étrangers et grâce à eux, ces républicains espagnols qui combattirent pour notre liberté et pour bouter les barbares hors de notre sol.

LA LIBÉRATION DE LA VILLE D'ANNECY ET DU DÉPARTEMENT DE LA HAUTE-SAVOIE

Le 1er août, par un beau temps sec, sans neige, eut lieu le plus important parachutage de la région. Trois mille maquisards se dirigèrent immédiatement vers les chemins qui menaient au plateau des Glières pour récupérer 160 t d'armes de tous les calibres, qui furent transportées dans la vallée par les paysans sur leurs charretons tandis que les résistants protégeaient leur passage et distribuaient à tous les groupes maquisards, sans distinction, communistes compris. Les FTP avaient pris une part très active à toutes les actions, dont celles des mois de février et mars 1944. La Résistance devait regrouper toutes ses forces pour la victoire finale et les dirigeants de la Résistance intérieure décidèrent de partager équitablement l'armement reçu. Ce fut l'insurrection, et la Haute-Savoie se libéra par ses propres forces, premier département de France libéré par lui-même. Les Espagnols y participèrent activement, et ces derniers combats furent marqués de leur empreinte. Le 19 août, le commandant des forces d'occupation allemandes de la ville d'Annecy se rendit sans condition avec toute sa garnison. La Haute-Savoie redevint libre, mais déjà avec les joies et les difficultés d'après-guerre à gérer.

Le 19 août 1944, Miguel Vera, libre de l'avant-veille, prit sa place parmi ses hommes et vécut l'entrée triomphale dans Annecy. À cet instant, il ne put s'empêcher d'avoir avec émotion une pensée pour Richard Andrés, qu'il aurait voulu voir à ses côtés pour vivre ce grand moment de joie, se retrouver à l'Auberge du Lyonnais[1]. La boucle, alors, aurait été bouclée. Il établit son QG dans l'Hôtel d'Angleterre. Les Espagnols défilèrent dans les rues de la ville après la reddition nazie et furent chaleureusement acclamés par toute la population. En descendant la rue Carnot, ce fut une explosion de joie et de Liberté.

Au début de septembre, le commandant Miguel, à la tête de deux compagnies (deux cent cinquante hommes, Espagnols et Français), poursuivit son action en Savoie pour la libération de la Tarantaise et de la vallée de la Maurienne, où d'irréductibles troupes nazies restaient basées. Quelques-uns des Espagnols suivirent ensuite l'armée de libération du territoire jusqu'à Berlin. Certains allèrent jusqu'à Toulouse et participèrent à la libération de la ville et au maintien de l'ordre[2], comme le répétera avec enthousiasme Antonio Buesa. Des Espagnols retournèrent dans leur famille lorsqu'elle vivait en France, pour tenter de retrouver une existence paisible après presque dix longues années de guerre, et d'autres enfin, rêvant de pousser jusqu'au territoire du dernier dictateur en place, Franco, s'en allèrent à la frontière espagnole du côté du val d'Aran tenter leur chance[3] vers leur pays. Beaucoup mourront au cours de ces opérations, notamment le 19 octobre 1944, dans la tentative d'assassinat contre Franco. Ces hommes appartenaient au groupe du val d'Aran organisé par la UNE[4], démantelé par dénonciation, et sans soutien de la population, qui subissait la terreur des forces de répression comme la *Guardia civil.* Bien des compagnons de grande valeur, qui essaieront coûte que coûte d'en finir avec la dictature, vont périr dans des conditions atroces et dans l'indifférence la plus totale du monde libre, au cours des années barbares du franquisme. Personne ne rendit « la monnaie de la liberté à ces exilés républicains espagnols qui avaient tant donné pour libérer l'Europe et pour que la démocratie renaisse[5] ».

---

1. Entretien avec Miguel Vera.
2. Archives de l'association espagnole du maquis des Glières.
3. *Los Olvidados*, Antonio Vilanova, édition Ruedo Ibérico.
4. Sigles voir page 205.
5. *Los Olvidados*, Antonio Vilanova, édition Ruedo Ibérico.

15. Défilé des résistants dans les rues d'Annecy, août 1944.

15 bis. 1. Francisco Rubiño Correr. 2. José Clausell. 3 Cristobal Pugas. 4. Jaime Barba. 5. José Salvador. 6. José. 7. Teofilo Peñaler. 8. Manuel Gomez. 9. Palomino.

(Source : Conseil général de Haute-Savoie, 2006, et collection association des Glières.)

16. Groupe de maquisards après la libération d'Annecy devant le monument à Eugène Sue, rue du Parmelan à Annecy.
(Source : Conseil général de Haute-Savoie, 2006, et collection association des Glières.)

16 bis. Les noms.

DÉNOUEMENT D'UN PARCOURS POUR LA FRANCE

Après la démobilisation, Miguel Vera fut convoqué à Paris, au ministère des Armées, où il s'entendit proposer d'aller combattre en Indochine. Il possédait déjà le grade de commandant, il serait promu lieutenant-colonel pour partir en Indochine. Peut-être pouvait-il supposer qu'une carrière militaire aurait pu s'ouvrir devant lui ? Pourtant, il n'hésita pas une seconde et répondit : « Depuis neuf ans, je lutte pour la liberté. Je ne peux aller contre un peuple qui lutte pour la sienne[1]. » Malgré son refus, le gouvernement lui accorda un an de réflexion et l'affecta à la garnison de Cluses avec un grade de commandant. Un an plus tard, de retour à Paris au même ministère, il opposa le même refus. Il fut démobilisé définitivement en 1947. Le maire d'Annecy, son compagnon en Résistance, lui octroya deux emplacements réservés pour vendre des glaces[2].

En 1948, Miguel Vera fit alors venir sa famille d'Espagne, sa femme et ses deux fils[3]. Ils s'installèrent avec lui pour vivre en fabriquant et vendant les glaces. Il s'agissait d'un métier éprouvant, toute la famille travaillait quinze heures par jour durant la belle saison. Ils vécurent ainsi, et le commandant

1. Entretien avec Miguel Vera.

2. *Idem.*

3. Lire en annexe le témoignage du fils Miguel Vera sur son arrivée en France.

Vera mena une vie de travailleur simple et modeste[1], mais il avait gardé sa dignité et les idéaux de son combat intacts, seul cela importait !

Quand il sentit ses forces le quitter, Miguel fit promettre à son fils Miguel de perpétuer la mémoire de tous ces Espagnols tombés ou survivants, qui auraient donné leur jeunesse pour la liberté d'un pays où ils étaient des étrangers. Promesse qu'il essaie toujours d'honorer aujourd'hui. La vie de son père fut celle d'un homme humble mais courageux et amoureux de la justice, qui se conduisit en harmonie avec ses principes. Il peut dire qu'il fut un humain accompli, dont il est fier.

Le commandant Miguel Vera s'est éteint le 8 octobre 1987 à Nerja (Malaga) sans que personne ait jamais relaté la fabuleuse épopée de cet homme simple.

1. Entretien avec Miguel Vera.

17. Groupe de rescapés des Glières, photo prise sur le site de Morette.
(Source : Conseil général de Haute-Savoie, 2006, et collection association des Glières.)

17 bis. Les noms.

ANNEXE I

MÉMORIAL[1] DES RÉPUBLICAINS[2] ESPAGNOLS, RÉSISTANTS DU PLATEAU DES GLIÈRES

Vera Navas Miguel, chef des maquis espagnols en Haute-Savoie, Savoie et Ain, né le 29 juin 1904, à Puertollano dans la Mancha, décédé le 8 octobre 1987 à Nerja, Malaga.

Vilches Agueyo Gabriel, dit le capitaine Antonio.

Navarro Sanchez Jorge.

Jurado Antonio.

Carrasco Angel, dit el Maño.

Ortiz Francisco.

Buesa Ena Antonio, de la section Bayard, né 27 mai 1920 à Lierta, Huesca, Espagne.

Martinez Manuel.

Andujar Garcia Florian, tué le 27 mars 1944.

Aranda Antonio, dit El Mulero.

Barba Gispert Santiago, né le 26 octobre 1913 à Barcelone. Décédé le 9 novembre 1986 à Annecy.

Belloso Colmenar Felix, né le 2 décembre 1907 à Herbas, fusillé à 37 ans, le 29 mars 1944.

---

1. Inscription portée sur l'ouvrage mémorial : « Nous dédions cet ouvrage à ces Espagnols qui sortirent de leur camp pour lutter pour la liberté et nous offrir leur vie pour notre dignité. »

2. Nous avons noté à côté de chaque nom tous les renseignements que nous avons pu obtenir, grâce à la diligence et la précision que Miguel Vera a pu montrer. Pour certains d'entre eux, malgré les efforts de recherches, nous n'avons pas pu obtenir d'autres éléments.

Caballero José, né le 8 décembre 1917 à Añora, Cordoba. Engagé volontaire dans l'armée républicaine à l'âge de 19 ans, blessé à la bataille de l'Ebre, gravement blessé à la bataille de Téruel.

Clausell José, dit Caterre.

Contreras Bernardo, dit El Cabrero.

Corps Moraleda Manuel, né le 22 mars 1915 à Trembleque, Tolède, tué à 29 ans, le 27 mars 1944.

Dieste Joaquim.

Escudero Peinado Avelino, né le 20 avril 1919 à Tolède, tué à 25 ans, le 29 mars 1944.

Esteban Fernandez Zenon. Après la libération d'Annecy, à laquelle il participa, il fut tué dans l'Ariège au cours des combats de la libération.

Esteven Martinez Miguel.

Fernandez Angel.

Fernandez Demetrio.

Fernandez Enrique.

Fernandez Leonardo.

Fernandez Gonzales Pablo, né le 17 novembre 1912, assassiné à 31 ans, le 31 mars 1944.

Fontoba Casas Paulino, né le 4 mai 1903 à Tarragona, tué à 41 ans, le 27 mars 1944.

Gallego Vilonga Laureano, dit el Municipal.

García Fernando.

Gomez Angel, né le 5 mai 1918 à Madrid.

Gomez Juan.

Gomez Torres Vicente.

Gracia Antonio.

Guasch Noguera Juan.

Joya Martinez Manuel, né le 16 février 1914 à Alcolea, Almeria, volontaire dans la colonne Durruti.

Mari Juan José, né le 21 février 1911 à San Carlos, Santa Eulalia del Rio Ibiza, fait prisonnier au décrochage des Glières et déporté près de Dresde. Décédé la 19 décembre 1984 à Annecy.

Martinez Alfonso, dit El Chacho.

Maumgart Miguel.

Paternoy Enrique.
Peñalver Teofilo.
Perea Galan Francisco.
Perez Ortiz Antonio, probablement tué le 27 mars 1944.
Pugas Cristobal.
Quesada Antonio.
Ramos Lozano, Braulio, né le 4 décembre 1918 à Villanueva de la Serena, Badajoz. Décédé dans son village le 26 juillet 1989.
Reynes Gabriel, né le 17 juin 1911 à Soller, Îles Baléares, fusillé à Outan à 33 ans, le 6 avril 1944.
Roda Lopez Patricio, né le 9 septembre 1905 à Myla, Murcia, fusillé à 40 ans, le 30 mars 1944.
Rodríguez Juan.
Ruviño Correa Francisco.
Saez Francisco.
Salvador José, dit La Liebre, né le 16 mars 1916 à Alcocer, Guadalajara, blessé sur le front espagnol à la bataille de l'Ebre.
Segura Garcia Angel, né le 17 juin 1916 à Puente de Genave, Puerta de Segura.
Soto Diego.
Tripiana Muñoz Andrés, dit El Largo, né le 20 janvier 1917 à Orce, Granada, fait prisonnier au décrochage des Glières et déporté à Miasen, près de Dresde. Décédé le 22 février 1977 à Annecy.
Ursua Salcedo Victoriano, né le 23 décembre 1918 à Mendavia, assassiné à 30 ans, le 31 mars 1944 à Thorens.
Utrilla Fernandez Galo.

De la section « Ebro » : Perez Rodrigue, agent de liaison des maquis espagnols depuis le début de leur constitution.

D'origine italienne : Maffioletti Julien, Mazza Wainer.

Deux Allemands des brigades internationales : Schmidt Hugo, dit Gonzales, né le 24 octobre 1910 à Dusseldorf (Allemagne). Antifasciste, il se réfugie en Belgique en 1934, il rejoint les brigades internationales en 1936 et part pour l'Espagne, en

1939 il est interné à Saint-Cyprien et à Gurs en 1940. Il se retrouve dans la 517e GTE à Annecy, où pourchassé par la Gestapo, il rejoint la section «Ebro». Arrêté, condamné à mort par la cour martiale, il est fusillé le 4 mai 1944 au champ de tir d'Annecy.

Fernandez (nom de guerre), disparu.

RÉSISTANCE SAVOISIENNE

JOURNAL HEBDOMADAIRE

1re ANNÉE - No 32 - JEUDI 9 AOUT 1945

ABONNEMENT : Haute-Savoie, Savoie et Ain : 1 an, 70 fr. ; 6 mois, 40 fr. Autres départements : 1 an, 80 fr. ; 6 mois, 45 fr.

...NISTRATION : 17, RUE SOMMEILLER, ANNECY · TELEPH. 1-02 · COMPTE CHEQ. POST. LYON 1803-79

...A FRANCE ATTEND

bien général et se sente responsable devant la nation.

Ce qu'il espère, c'est qu'on ne continuera pas d'essayer de faire trébucher le général de Gaulle dans son magnifique effort pour le rétablissement de notre grandeur et de notre indépendance extérieures.

Ce qu'il veut, c'est qu'on lui offre autre chose qu'un retour à un régime pourri, ergotant et ressassant les querelles stériles d'un autre âge.

Ce qu'il exige, c'est qu'on désencrasse la République.

Il n'ignore pas qu'un peuple ne se redresse pas dans le chemin de la facilité ou de la lâcheté. Il est prêt à s'engager dans une route ascendante, fut-elle dure, pourvu qu'il sente que son cœur y vivra largement et que son esprit y trouvera la clarté lumineuse des larges horizons.

Il sait que le redressement national implique une rénovation morale de chacun d'entre nous et que les plus belles institutions politiques, sociales ou économiques ou même les plus belles « Constitutions » seront inefficaces ou insuffisantes si les consciences sont perverties et si les égoïsmes subsistent.

Les autres peuples attendent que la France les entraîne dans cette voie retrouvée où elle reprendra sa mission d'autrefois vers la justice et la liberté.

Oui, les autres nations attendent de la France qu'elle leur offre une solution plus humaine que les impérialismes ou les égoïsmes nationaux qui déferlent déjà sur le monde et qui prétendent le diriger.

* * *

Demain ?

Oui, demain la France pourra se redresser si, aujourd'hui, la jeunesse française (je veux dire ceux qui, jeunes ou vieux, conservent la jeunesse du cœur et la capacité d'enthousiasme) ne se laisse pas accaparer, dérouter ou anesthésier par des vieillards stériles, par des profiteurs égoïstes ou par des sectaires croyant que la France c'est eux, leur secte, leur parti, leur chapelle ou leur ... tune.

Oui, demain la France se redressera si elle s'accroche dès aujourd'hui et si elle se donne activement à une loi où sa soif d'équité et son désir de propreté seront satisfaits.

Mais ce ne sont pas ceux qui se gargarisent de vieilles rengaines desséchées qui pourront satisfaire son idéal de justice, de générosité, de progrès, d'humanité et d'honnêteté.

Dr VOISIN.

Les Espagnols dans la Résistance

Dans le récit de la Résistance en Haute-Savoie, une mention toute spéciale doit être faite du rôle joué par les Espagnols.

Mais, avant de parler de l'activité de résistance des Espagnols, il est utile de rappeler certains faits.

C'est le 14 avril 1931 que le peuple espagnol, sans violences, décida la fin de la monarchie des Bourbons et instaura un régime républicain démocratique.

Cependant, en l'année 1936, des militaires qui complotaient, depuis longtemps, contre la jeune République et qui, même avaient prêté le serment de la défendre, organisèrent une lutte ouverte qui dégénéra en la fameuse guerre civile d'Espagne, de sinistre mémoire. Les militaires, à la tête desquels se trouvait le général Franco, avaient pour but d'instaurer le fascisme en Espagne. On sait qu'ils ne réussirent dans leurs desseins que grâce à l'aide puissante que l'Allemagne et l'Italie leur prêtèrent. Ce furent trois années de lutte inégale. Ce fut, pour l'Allemagne et l'Italie, la possibilité d'expérimenter des armes nouvelles, leur aviation et certaines techniques de la guerre moderne. Les démocraties, enfoncées dans leur désir de paix, divisées entre elles et à l'intérieur, ne s'émurent pas suffisamment à temps. Elles ne comprirent pas qu'ainsi que la guerre mondiale, dont la dernière phase se joue actuellement au Japon, commença en réalité par les premiers coups de main du Japon en Chine, la guerre en Europe commença, en réalité, par la guerre d'Espagne. Pendant trois années, les démocrates espagnols luttèrent pour préserver leur pays du fascisme. Ils échouèrent et voici ce que raconte Michel Vera, qui fut le chef des résistants espagnols :

L'année 1939, nous avons passé la frontière grâce au droit d'asile accueillant établi par la France... la joie nous ... le Peuple français nous recevrait les bras ouverts. Mais nous avons souffert une amère déception en voyant l'accueil glacial qui nous était réservé. Les enfants même étaient éloignés de notre contact, qu'on jugeait dangereux parce qu'on était pénétré de l'idée que nous étions des voyous et des communistes. Ce n'était pas la faute du Peuple français, mais de la propagande continuelle établie par l'ennemi sur le sol français ; travail réalisé par ceux qui, plus tard, vendirent notre Patrie à l'ennemi séculaire de la France ; travail accompli avec la complicité de ceux qui intriguaient déjà contre la République Française.

Dès notre entrée en France, nous avons été internés dans des camps de concentration, étant l'objet de mauvaise considération et parfois de mauvais traitements. Souvent ...

qu'il fut question d'expédier les Espagnols en Allemagne ou de les rendre à Franco ou de les faire travailler pour les Allemands aux fortifications de l'Atlantique, par exemple, l'esprit de résistance se fit jour et devait trouver auprès des Espagnols euxmêmes une compréhension immédiate de la lutte souterraine que le Peuple français inaugurait pour hâter sa Libération.

Une vraie camaraderie s'était établie entre Espagnols et Français. Un lien commun et solide allait les unir désormais : la résistance à l'oppression, la lutte pour la libération de l'emprise fasciste.

Dans les camps, les Espagnols traversèrent une période critique à cause des agents de Vichy qui exerçaient une surveillance méticuleuse sur eux. Les camps étaient généralement situés en haute montagne ou dans des endroits isolés, parce que Vichy cherchait essentiellement à éviter des rapports entre les Espagnols et le Peuple français.

Mais, dans les camps espagnols, on suivait attentivement, grâce aux amis français, l'évolution des événements mondiaux. Les événements se précipitèrent quand il fut certain que les Allemands avaient décidé d'amener les Espagnols dans leurs camps de travail ou d'extermination, comme on voudra. Le résultat fut simple : quand les Allemands ou les sbires de Vichy vinrent pour effectuer une rafle chez les Espagnols, ils ne trouvèrent plus personne, car les Espagnols avaient pris leurs précautions et, au moment voulu, avaient pris le maquis.

Il est incontestable que nos amis Espagnols sont à compter parmi les premiers résistants du maquis. Il convient d'ailleurs de rendre un complet hommage à leurs qualités de vaillance, de sang-froid et de désintéressement ainsi qu'à leur complète loyauté. Les Espagnols furent, pour ... extraordinairement précieuses. Ils avaient l'expérience de la guerre civile et de la guerre tout court. Ils connaissaient le maniement des armes et des explosifs. Ils avaient déjà pratiqué les coups de main audacieux et la vie dure ne les effrayait pas. Ils avaient depuis longtemps l'esprit de résistance.

CONSTITUTION D'UN MAQUIS ESPAGNOL EN HAUTE-SAVOIE

C'est à Richard Andrès que l'on doit d'avoir pris des contacts avec les Espagnols. Le commandant Miguel Vera, chef espagnol de la Résistance de l'Ain, la Savoie et la Haute-Savoie, raconte :

Les premiers mots que nous échangeâmes, dès le 1er juin 1942, nous firent connaître comme de vrais antifascistes. Tout de suite l'accord fut ...

...nférence de Potsdam

...a France

...il des Grandes Puissances

18. Extrait du journal *Résistance savoisienne* du jeudi 2 août 1945.
(Source : Collection Miguel Vera.)

gnés de notre contact, qu'on jugeait dangereux parce qu'on était pénétré de l'idée que nous étions des voyous et des communistes. Ce n'était pas la faute du Peuple français, mais de la propagande continuelle établie par l'ennemi sur le sol français ; travail réalisé par ceux qui, plus tard, vendirent notre Patrie à l'ennemi séculaire de la France ; travail accompli avec la complicité de ceux qui intriguaient déjà contre la République Française.

Dès notre entrée en France, nous avons été internés dans des camps de concentration, étant l'objet de mauvaise considération et parfois de mauvais traitements. Souvent, on nous représentait comme un danger communiste en France. Après la défaite militaire de la France et l'armistice de Bordeaux, nous fûmes groupés de force dans des Compagnies de Travail dont le régime était sans humanité.

Dès ce moment, les Allemands avaient l'œil sur nous. Nous étions gardés et administrés par des éléments vichyssois, lesquels faisaient tout leur possible pour nous accabler et qui nous obligèrent à réaliser de longues et dures journées de travail. Nous recevions cinquante centimes à la journée et une mauvaise nourriture. Le motif de ces mauvais traitements : nous avions commis l'erreur d'avoir lutté contre ceux qui voulurent établir dans le monde entier un régime de crime, d'esclavage et de misère.

L'attitude courageuse des Espagnols, la compréhension qu'avaient pratiqué les coups de main audacieux et la vie dure ne les effrayait pas. Ils avaient depuis longtemps l'esprit de résistance.

CONSTITUTION D'UN MAQUIS ESPAGNOL EN HAUTE-SAVOIE

C'est à Richard Andrès que l'on doit d'avoir pris des contacts avec les Espagnols. Le commandant Miguel Vera, chef espagnol de la Résistance de l'Ain, la Savoie et la Haute-Savoie, raconte :

Les premiers mots que nous échangeâmes, dès le 1er juin 1942, nous firent connaître comme de vrais antifascistes. Tout de suite l'accord fut complet entre nous. Nous décidâmes de ne renoncer à aucun moyen et à lutter sans repos afin de chasser l'envahisseur et ses collaborateurs.

Une première tâche fut de rechercher des armes et des explosifs, tâche assez difficile à ce moment-là. La situation ne devait s'améliorer qu'au moment où s'opéra la dissolution du 27e B.C.A.

Nous arrivâmes à constituer le premier maquis au mois de décembre 1942, à Villards-sur-Thônes ; ce premier groupe se composait de 15 hommes, Espagnols et Français, mais ils furent rapidement signalés et traqués par les G.M.R. et furent obligés de chercher un autre refuge. Ils se regroupèrent aux Dents de Lanfont où on arriva à constituer un maquis parfaitement organisé, qui était d'environ 60 hommes bien armés ayant un très bon moral et recevant l'instruction militaire et subissant la disci-

19. Suite.

ANNEXE II

1. Inédit de José Caballero, fonds Glières – B5 – P44
2. Inédit de Angel Gomez, fonds Glières – B5 – P43
3. Inédit de Manuel Joya, fonds Glières – B5 – P43
4. Inédit de Maffioletti Julien, fonds Glières – B5 – P43

Témoignages inédits déposés aux archives de la Haute-Savoie, section histoire, et reproduits ici avec leur aimable autorisation.

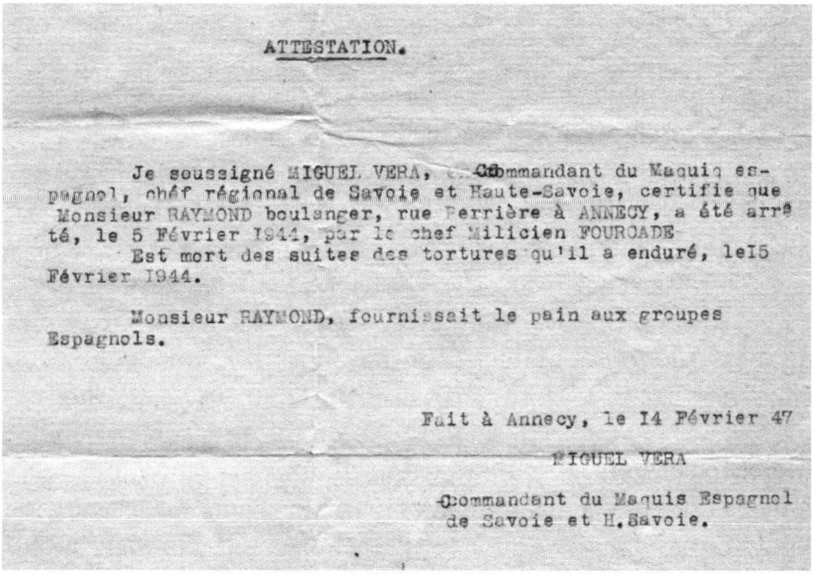

ATTESTATION.

Je soussigné MIGUEL VERA, Commandant du Maquiq espagnol, chéf régional de Savoie et Haute-Savoie, certifie que Monsieur RAYMOND boulanger, rue Perrière à ANNECY, a été arrêté, le 5 Février 1944, par le chef Milicien FOURCADE

Est mort des suites des tortures qu'il a enduré, le15 Février 1944.

Monsieur RAYMOND, fournissait le pain aux groupes Espagnols.

Fait à Annecy, le 14 Février 47

MIGUEL VERA

Commandant du Maquis Espagnol
de Savoie et H.Savoie.

20. Attestation du commandant Vera à M. Raymond.
(Source : Collection Miguel Vera.)

Témoignage écrit par José Caballero remis le 9 juillet 2005 (Fonds Glières – B5 – P44, droits réservés : Conseil général de Haute-Savoie, 2006)

Avec la *Retirada*, j'ai traversé les Pyrénées au milieu de l'après-midi du 9 février 1939. J'ai vécu dans les camps de Saint-Cyprien et du Barcarès durant un mois, puis le mois suivant à Argelès-sur-Mer.

De là, je suis parti dans la compagnie de travailleurs étrangers n° 127, pour Sainte-Livrade en Lot-et-Garonne, où je suis resté jusqu'en septembre 1940. Avec cette compagnie, j'ai vécu la signature de l'armistice, le 24 juin 1940.

Départ pour la Haute-Savoie et arrivée à la gare d'Annecy le 20 septembre 1940. Nous sommes immédiatement dirigés sur Doussard avec la compagnie de travailleurs étrangers n° 517. Le poste de commandement de cette compagnie était derrière la Visitation, à Annecy. Nous, les travailleurs, étions logés dans les baraques des Eaux et Forêts, à la Combe d'Ire, près du lieu où nous devions fabriquer du charbon de bois ou empierrer des voies forestières et bien d'autres tâches.

De cette époque, j'ai le souvenir de ma première rencontre avec Miguel Vera. C'était au début du mois de septembre 1941. Nous avions pour tâche tous les deux de ranger des cageots de fruits dans la cave d'une ferme. Nous nous sommes mis à manger des poires et nous en avons mangé plus de trois kilos chacun.

Peu à peu, nous nous sommes organisés en maquis, mais nous avions très peu d'armes. Malgré cela, nous avons participé à quelques embuscades contre l'occupant italien, vers Doussard.

Une forme de résistance interne était la fabrication de faux documents en utilisant les tampons et le matériel du bureau du capitaine de la compagnie. De plus, José Mora arrivait à imiter la signature du capitaine. José Escribano conduisait la camionnette. Cela nous permettait de communiquer entre les différents groupes.

Antonio Jurado, Manuel Joya et moi-même avons participé à une formation à l'école des cadres des résistants de Manigod (chalets de la Cola). Nous y sommes allés en voiture, accompagnés par Richard Andrés, mais nous sommes revenus à pied jusqu'à la Combe d'Ire en passant par Serraval et Faverges (20 km). Ce stage a duré du 20 décembre 1943 au 5 janvier 1944.

Dans ce maquis, nous étions vingt Espagnols, nous sommes tous montés au plateau des Glières le 1er février 1944. Nous sommes partis de Doussard en camionnette et avons atteint la vallée de Thônes en passant par Serraval. La nuit était déjà tombée quand nous sommes arrivés au Petit-Bornand. De là, nous avons continué à pied jusqu'au plateau. Nous avons organisé notre installation.

Tom Morel demanda à Miguel Vera d'organiser militairement les Espagnols. Nous nous sommes répartis en deux sections, chacune défendant une entrée du plateau. Une section était commandée par Vilches (capitaine Antonio) et l'autre par Jurado. Je faisais partie de cette dernière section. Chaque section était fractionnée en escouades de dix à douze hommes. Je commandais une escouade et Francisco Perea une autre, toutes deux sous les ordres de Jurado.

Pendant la durée de notre activité sur le plateau des Glières, nous avons participé à toutes les actions et toutes les opérations entreprises premièrement par le lieutenant Tom Morel et ensuite par le capitaine Anjot.

Le 26 mars, devant l'issue fatale due à la situation : quatre cent soixante-cinq maquisards contre une division de la *Wehrmacht* de onze mille hommes et trois cents miliciens et GMR et l'honneur sauf, l'ordre de décrocher et de rejoindre le maquis d'origine est donné par le capitaine Anjot à 22 heures. La nouvelle n'est arrivée à mon groupe qu'à 3 heures du matin. Nous étions encore vingt-deux hommes à défendre cette position.

Après avoir traversé le plateau d'est en ouest, nous nous sommes séparés en petits groupes. Chacun a pris un chemin différent. Il faisait déjà grand jour quand nous arpentions les derniers mètres sur le plateau.

Dans mon groupe, nous étions six. Comme, de toute façon, nous ne connaissions pas les chemins, nous ne pouvions que choisir une direction au hasard. Notre direction était Doussard, pour rejoindre le maquis de la Combe d'Ire.

C'est ainsi que nous nous sommes trouvés arrêtés par les falaises du Parmelan. Je ne sais par quelle prémonition, l'un d'entre nous avait emporté un rouleau de cordes de parachute. Grâce à ces cordes, nous avons pu descendre la falaise à l'endroit le plus favorable. Nous nous sommes trouvés au-dessus de la Balme-de-Thuy.

De cette position dominante, nous pouvions voir qu'il y avait des barrages de soldats allemands sur la route de Thônes. Au lieu de continuer à descendre, nous sommes remontés en obliquant sur la gauche pour passer le col de la Pierre des Trois Croix au-dessus de la Blonnière et nous sommes redescendus jusqu'à nous trouver au-dessus de la voie romaine. [Tous ces noms, je les ai appris plus tard.] De cet endroit, nous voyions encore mieux les barrages. Nous pouvions même observer les rondes qui allaient et venaient d'un barrage à l'autre. Nous sommes restés quelques jours à cet endroit, au-dessus de la voie romaine, en attendant que l'encerclement se relâche. Nous étions affamés, nous mangions des racines et des herbes. La traversée du Fier était trop difficile car il y avait beaucoup trop d'eau. Pour tester la force du courant et la profondeur de l'eau, je me suis attaché au bout d'une corde et deux camarades la tenaient à l'autre bout. J'ai dû renoncer car c'était trop profond. Un habitant du coin, qui avait observé nos manœuvres, s'approcha et nous expliqua qu'un peu plus bas il y avait un câble. Il nous donna aussi du pain, que nous dévorâmes. Enfin, nous avons pu traverser le Fier par ce câble de bûcherons.

La nuit tombée, nous avons trouvé refuge dans une ferme au-dessus de Sur-les-Bois. Les propriétaires nous ont donné à manger et des habits secs. Après, ils nous ont dit de dormir dans la grange ; nous ne voulions pas, de peur de les compromettre. À tout moment pouvait arriver une patrouille d'Allemands. Mais ils ont tellement insisté que nous avons accepté. Nous avons passé une nuit comme des rois en dormant dans le foin.

Le lendemain, nous sommes partis de bonne heure mais non sans avoir pris un bon petit déjeuner que cette famille fantastique nous avait préparé. Nous avons repris notre chemin en passant par le versant nord du mont Baron. En redescendant du côté d'Alex, nous avons rencontré M. Paris et un de ses amis, qui nous ont rapidement avertis qu'il y avait un barrage allemand sur la route entre Alex et le col de Bluffy et qu'il fallait rebrousser chemin. C'est ce que nous avons fait. En remontant vers le mont Baron, nous avons eu l'heureuse surprise de rencontrer « Madriles », Angel Gomez, qui avait trouvé refuge dans une cabane appartenant à Paris. Sur les conseils de « Madriles » et de Paris, nous nous sommes installés là et finalement y sommes restés jusqu'à la fin juin. À cette date, Miguel Vera est venu nous demander d'aller rejoindre la Chapelle-Rambaud.

Tous les maquis espagnols ayant été transférés à la Chapelle-Rambaud, nous y avons constitué, avec d'autres maquisards français, la compagnie FTP 93-17, le 1er juillet 1944. Ce transfert fut une chance pour nous car nous y avons trouvé de la nourriture abondante et de bons vêtements. En contrepartie, nous avions une forte activité de maquisards. Nous devions sans cesse harceler les convois allemands qui empruntaient la route entre La Roche-sur-Foron et Annecy. Nous portions de nombreux coups partout où nous pouvions affaiblir l'ennemi. Pour approvisionner l'intendance, nous devions aussi organiser des expéditions. Une, particulièrement spectaculaire et à laquelle j'ai participé, s'est déroulée presque en pleine ville d'Annecy. Au quartier du Pont Neuf, exactement. Il s'agissait de dévaliser en pleine journée un stock de chaussures dans un délai très court avant que l'alerte puisse être donnée. Ceci, devant le personnel fortement impressionné par nos armes.

Nous avons activement participé à la libération de la Haute-Savoie et, bien sûr, à la libération d'Annecy le 19 août 1944.

En septembre, j'ai participé à la libération de la vallée de la Maurienne.

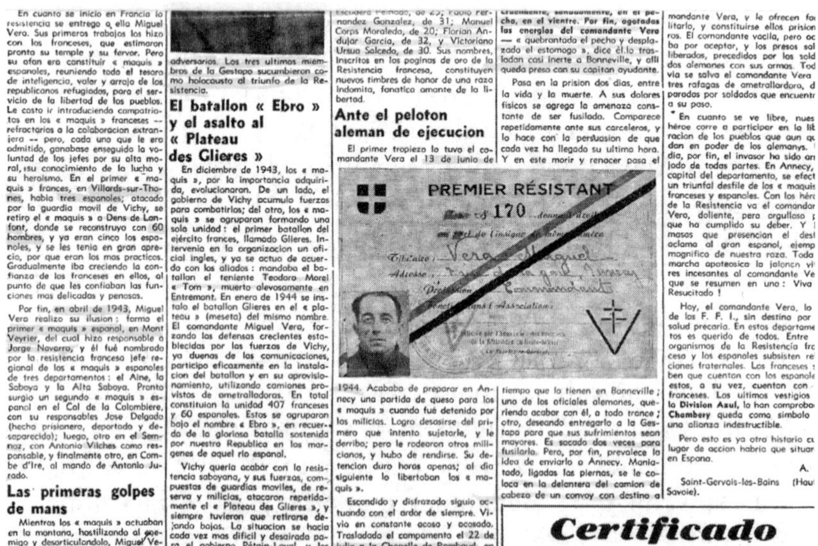

En cuanto se inicio en Francia la resistencia se entrego a ella Miguel Vera. Sus primeros trabajos los hizo con los franceses, que estimaron pronto su temple y su fervor. Pero su afan era constituir « maquis » espanoles, reuniendo todo el tesoro de inteligencia, valor y arrojo de los republicanos refugiados, para el servicio de la libertad de los pueblos. Le costo ir introduciendo compatriotas en los « maquis » franceses -- refractarios a la colaboracion extranjera -- pero, cada uno que le era admitido, ganabase enseguida la voluntad de los jefes por su alta moral, su conocimiento de la lucha y su heroismo. En el primer « maquis » frances, en Villards-sur-Thones, habia tres espanoles; atacado por la guardia movil de Vichy, se retiro el « maquis » a Dens de Lanfont, donde se reconstruyo con 60 hombres, y ya eran cinco los espanoles, y se les tenia en gran aprecio, por que eran los mas practicos. Gradualmente iba creciendo la confianza de los franceses en ellos, al punto de que les confiaban las funciones mas delicadas y penosas.

Por fin, en abril de 1943, Miguel Vera realizo su ilusion : formo el primer « maquis » espanol, en Mont Veyrier, del cual hizo responsable a Jorge Navarro, y él fué nombrado por la resistencia francesa jefe regional de los « maquis » espanoles de tres departamentos : el Aine, la Saboya y la Alta Saboya. Pronto surgio un segundo « maquis » espanol en el Col de la Colombiere, con su responsables Jose Delgado (hecho prisionero, deportado y desaparecido); luego, otro en el Semnoz, con Antonio Vilches como responsable, y finalmente otro, en Combe d'Ire, al mando de Antonio Jurado.

Las primeras golpes de mans

Mientras los « maquis » actuaban en la montana, hostilizando al enemigo y desarticulandolo, Miguel Vera, en Annecy, con un grupo especial para servicios en la capital, de 10 hombres, realizaba una peligrosa e inteligente obra de contraespionaje, de organizacion y de abastecimiento. Con frecuentes golpes de mano procuraba vestidos, calzados, viveres y toda clase de material a los « maquis » a su cargo y a los franceses. Vigilante, agil y resuelto para la accion, el grupo se apodera de la intendencia alemana del campo de Novel. Se hizo dueno de dos vagones de zapatos fabricados para

adversarios. Los tres ultimos miembros de la Gestapo sucumbieron como holocausto al triunfo de la Resistencia.

El batallon « Ebro » y el asalto al « Plateau des Glieres »

En diciembre de 1943, los « maquis », por la importancia adquirida, evolucionaron. De un lado, el gobierno de Vichy acumulo fuerzas para combatirlos; del otro, los « maquis » se agruparon formando una sola unidad : el primer batallon del ejército frances, llamado Glieres. Intervenia en la organizacion un oficial ingles, y ya se actuo de acuerdo con los aliados : mandaba el batallon el teniente Teodoro Morel « Tom », muerto alevosamente en Entremont. En enero de 1944 se instalo el batallon Glieres en el « plateau » (meseta) del mismo nombre. El comandante Miguel Vera, forzando las defensas crecientes establecidas por las fuerzas de Vichy, ya duenas de las comunicaciones, participo eficazmente en la instalacion del batallon y en su aprovisionamiento, utilizando camiones provistos de ametralladoras. En total constituian la unidad 407 franceses y 60 espanoles. Estos se agruparon bajo el nombre « Ebro », en recuerdo de la gloriosa batalla sostenida por nuestra Republica en los margenes de aquel rio espanol.

Vichy queria acabar con la resistencia saboyana, y sus fuerzas, compuestas de guardias moviles, de reserva y milicias, atacaron repetidamente el « Plateau des Glieres », y siempre tuvieron que retirarse dejando bajas. La situacion se hacia cada vez mas dificil y desairada para el gobierno Pétain-Laval, y los alemanes decidieron atacar ellos la fortaleza de la Resistencia. Al efecto reunieron dos divisiones alpinas (20 a 21 mil hombres), artilleria de plaza y de montana y varias escuadrillas de aviacion, y con estos elementos, ademas de 3.000 milicianos, prepararon el asalto de la meseta defendida por 467 hombres. El primer ataque lo efectuaron con 400 hombres, y fueron rechazados, con pérdidas, por una seccion de 25 solamente. Pero el « Plateau » mide de 18 a 20 kilometros de ancho por

Escudero Peinado, de 25; Pablo Fernandez Gonzalez, de 31; Manuel Corps Moraleda, de 20; Florian Andujar Garcia, de 32, y Victoriano Ursua Salcedo, de 30. Sus nombres, inscritos en las paginas de oro de la Resistencia francesa, constituyen nuevos timbres de honor de una raza indomita, fanatica amante de la libertad.

Ante el peloton aleman de ejecucion

El primer tropiezo lo tuvo el comandante Vera el 13 de junio de 1944. Acababa de preparar en Annecy una partida de queso para los « maquis » cuando fué detenido por las milicias. Logro desasirse del primero que intento sujetarle, y le derribo; pero le rodearon otros milicianos, y hubo de rendirse. Su detencion duro horas apenas; al dia siguiente lo libertaban los « maquis ».

Escondido y disfrazado siguio actuando con el ardor de siempre. Vivio en constante acoso y acosado. Trasladado el campamento el 22 de julio a la Chapelle de Rambaud, en el llano, dedico todo su esfuerzo al ataque de convoyes en la carretera. En esta ocasion se hizo célebre la « Veleta », arma de fuego llevada a hombros entre dos, que hacia estragos en los convoyes y sembraba el panico entre los alemanes.

cruelmente, sanguinariamente, en el pecho, en el vientre. Por fin, agotadas las energias del comandante Vera — « quebrantado el pecho y desplazado el estomago », dice él, lo trasladan casi inerte a Bonneville, y alli queda preso con su capitan ayudante.

Pasa en la prision dos dias, entre la vida y la muerte. A sus dolores fisicos se agrega la amenaza constante de ser fusilado. Comparece repetidamente ante sus carceleros, y lo hace con la persuasion de que cada vez ha llegado su ultima hora. Y en este morir y renacer pasa el tiempo que lo tienen en Bonneville ; uno de los oficiales alemanes, queriendo acabar con él, a todo trance ; otro, deseando entregarlo a la Gestapo para que sus sufrimientos sean mayores. Es sacado dos veces para fusilarlo. Pero, por fin, prevalece la idea de enviarlo a Annecy. Maniatado, ligadas las piernas, se le coloca en la delantera del camion de cabeza de un convoy con destino a

mandante Vera, y le ofrecen fa[…] litarlo, y constituirse ellos prision[…] ros. El comandante vacila, pero ac[…] ba por aceptar, y los presos sal[…] liberados, precedidos por los sold[…] dos alemanes con sus armas. Tod[…] via se salva el comandante Vera […] tres rafagas de ametrallardora, d[…] paradas por soldados que encuentr[…] a su paso.

En cuanto se ve libre, nues[…] héroe corre a participar en la lib[…] racion de los pueblos que aun qu[…] dan en poder de los alemanys. […] dia, por fin, el invasor ha sido ar[…] jado de todas partes. En Annecy, […] capital del departamento, se efect[…] un triunfal desfile de los « maquis […] franceses y espanoles. Con los hér[…] de la Resistencia va el comandan[…] Vera, doliente, pero orgulloso […] que ha cumplido su deber. Y […] masas que presencian el des[…] aclama al gran espanol, ejemp[…] magnifico de nuestra raza. Toda […] marcha apoteosica la jalonan vi[…] res incesantes al comandante Ve[…] que se resumen en uno : Viva […] Resucitado !

Hoy, el comandante Vera, lo […] de los F. F. I., sin destino por […] salud precaria. En estos departame[…] tos es querido de todos. Entre […] organismos de la Resistencia fra[…] cesa y los espanoles subsisten re[…] ciones fraternales. Los franceses […] ben que cuentan con los espanole[…] estos, a su vez, cuentan con […] franceses. Los ultimos vestigios […] **la Division Azul**, lo han comproba[…] **Chambery** queda como simbolo […] una alianza indestructible.

Pero esto es ya otra historia cu[…] lugar de accion habria que situar[…] en Espana.

A.

Saint-Gervais-les-Bains (Hau[te-]Savoie).

Certificado

F. F. I. — Haute-Savoie. — Etat-Major, Le Commandant. — P. C. le 31 janvier 1945. — Attestation. — : Je, soussigné, commandant AUGAGNEUR, certifie que le commandant VERA Miguel a été à l'origine de la Résistance espagnole en Haute-Savoie, dès 1942. Il a été toujours en liaison avec les deux mouvements de Résistance Armée : A. S. et F. T. P. F. Après de nombreux coups de main exécutés sur l'occupant, s'est très bien comporté à la tête de sa compagnie au Plateau des Glières. A participé à divers combats pour la libération du département. Prit part à la campagne de Maurienne. A dû interrompre son activité par suite de maladie. A été hospitalisé jusqu'à ce jour à l'hôpital militaire du FAYET. — Le commandant AUGAGNEUR, chef départemental des F. F. I. de Haute-Savoie. — Firmado. Hay un sello de los F. F. I. de la Alta Saboya, Comandancia.

IMPRIMERIE DU MIDI — PERPIGNAN —

21. Extrait d'un journal espagnol qui parle de Miguel Vera et de sa résistance. Article paru dans *España* du 11 octobre 1945, édité à Perpignan. Sous titre : *« Boletín de información de izquierda y unión republicana »*.

(Source : Collection Miguel Vera.)

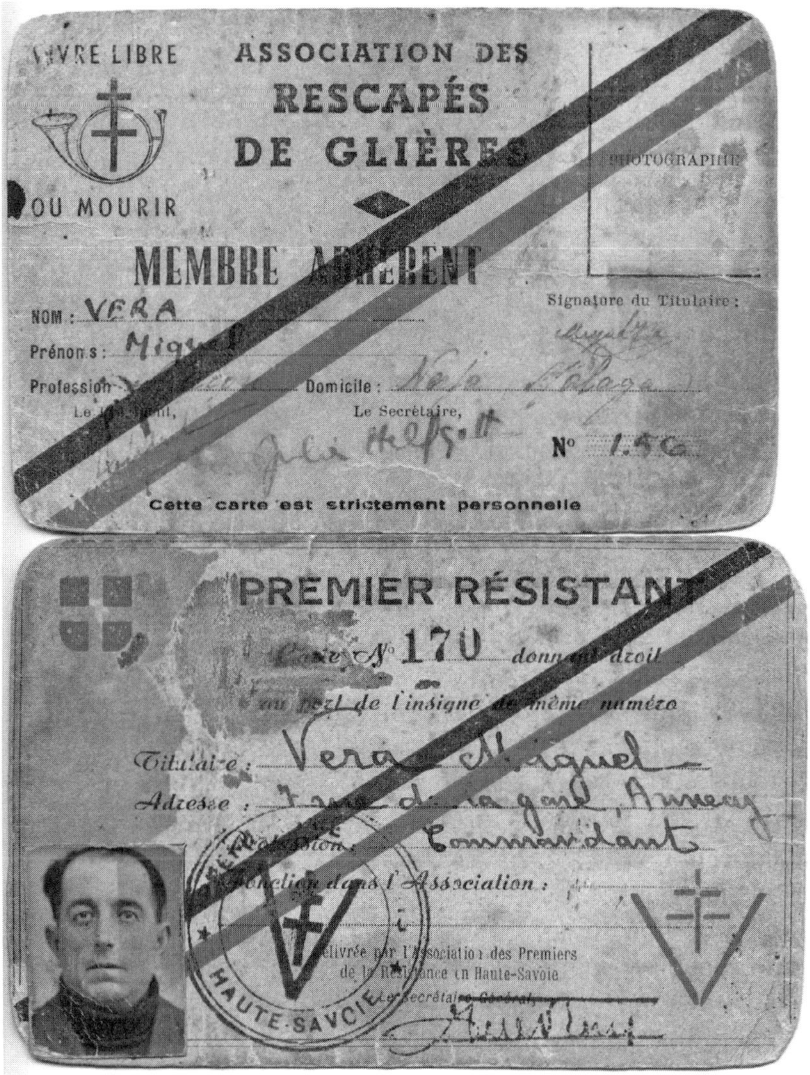

22. Carte de rescapé et carte de premier résistant du commandant Miguel Vera.
(Source : Collection Miguel Vera.)

Témoignage écrit par Angel Gomez

Il répond à trois questions qui lui ont été posées et que nous reproduisons ici dans leur intégralité. (Fonds des Glières– B5 – P43, droits réservés : Conseil général de Haute-Savoie, 2006)

Question n° 1 : Pourquoi suis-je monté au plateau ?

En tant que républicain espagnol, j'étais bien conscient que la lutte n'était pas terminée, ni pour moi ni pour un groupe important de mes compatriotes espagnols. En luttant pour la libération de la France, nous combattions aussi pour la liberté.

C'est pourquoi, dès que nous avons pris contact avec l'organisation de la Résistance d'Annecy AS, nous avons commencé à nous organiser entre Espagnols.

Ainsi fut créé le premier groupe armé au mont Baron, contrôlé par l'organisation de l'AS.

Lors des événements des Glières, j'appartenais au groupe Navarro, qui était à Nâves-Parmelan, dans un chalet situé à vingt minutes de marche du village et dont le propriétaire était la famille Sadaoui. C'est là que parvint l'ordre donné par l'organisation d'Annecy de nous préparer à monter au plateau.

Tout se réalisa sans problème, comme il avait été prévu. Un camion nous transporta jusqu'à Usillon, puis nous montâmes à pied au plateau de Champ Laitier. Le soir même, nous avons occupé le chalet des Eaux et Forêts. Nous avions la consigne d'attendre là, jusqu'à ce que deux personnes viennent nous chercher, je ne me souviens pas très bien de la date, mais je pense que le jour suivant, un groupe armé équipé de skis arriva près du chalet mais, ignorant son identité, nous les avons maintenus à distance, en tirant quelques rafales de fusil-mitrailleur. Tout rentra rapidement dans l'ordre. Deux hommes s'avancèrent vers nous et s'excusèrent de s'être présentés en groupe et non à deux, comme il avait été initialement prévu.

Nous avons traversé, tous ensemble, la montagne et sommes arrivés aux Glières.

Le groupe Navarro fut placé dans un chalet à l'écart des autres Espagnols, mais dans le même secteur, le secteur du Petit-Bornand.

Question nº 2 : Vie au plateau ?

Ma vie fut sensiblement la même que celle de mes camarades : gardes, corvées, entretien des armes, etc.

J'ai participé à différentes missions ordonnées par le chef de secteur.

La mission que je considère comme la plus importante et que je n'oublierai malheureusement jamais, fut la nuit de l'expédition à Entremont, où nous avons perdu notre chef Tom Morel.

Nous avions, nous les Espagnols, la mission de protéger nos camarades qui opéraient à Entremont. Nous devions couper la route du Petit-Bornand-Entremont pour empêcher les miliciens du Petit-Bornand de venir aider leurs amis GMR.

Au Petit-Bornand, nous étions séparés seulement de quelques mètres des miliciens, nous les entendions parler clairement entre eux. Mon ami Perea et moi, tous deux du groupe « Navarro », avions placé un FM face aux positions tenues par les miliciens. D'autres FM étaient en position le long du fleuve dans l'attente des miliciens. Après avoir entendu les premières rafales à Entremont, nous attendions la réaction de ces derniers. Ils se limitèrent à envoyer des signaux lumineux et rien d'autre.

La perte de Tom Morel fut un grand choc pour nous tous. Notre moral était au plus bas.

Question n° 3 : La création de la section « Ebro » ?

On nous donna de nouvelles positions. Nous avions laissé nos chalets pour en occuper d'autres plus proches des positions et n'avoir pas à descendre par le col du Perthuis qui dominait Dingy-Saint-Clair. Le capitaine Anjot faisait certainement partie de ce groupe, mais je ne l'ai pas vu à ce moment-là. Je ne devais le voir que plus tard aux environs de Nâves.

Au col du Perthuis, l'ordre a été donné de se répartir par petits groupes et rejoindre chacun son maquis d'origine.

Des petits groupes commençaient à se former qui allaient, chacun, choisir l'endroit qu'il connaissait et où il pouvait trouver des gens en mesure de l'aider.

C'est ainsi que nous avons formé un groupe de cinq Espagnols, qui connaissions Nâves pour avoir vécu dans un chalet avant de monter au plateau, sous le nom de groupe Navarro. C'était un chalet qui appartenait aux époux Sadaoui et qui portait le nom de « Chalet Le Clou ».

Du col de Perthuis, nous sommes descendus en direction de Dingy-Saint-Clair et, en suivant le couvert du bois, nous nous sommes dirigés vers Nâves. Notre groupe de cinq Espagnols était suivi d'un groupe de quatre Français : Lacombe, l'ancien chef de gare d'Annecy qui portait un fusil, se sépara du groupe pour se réfugier chez une de ses connaissances habitant dans une ferme près de Dingy-Saint-Clair.

À son départ restaient : Dancet, Vitipon et le capitaine Anjot, plus les cinq Espagnols.

Quand nous sommes arrivés à environ 150 mètres du chalet Sadaoui, nous les Espagnols étions à une vingtaine de mètres devant les Français. Le capitaine Anjot fermait la marche.

Mes camarades espagnols ont alors dit qu'ils voulaient se reposer dans le chalet.

Nous étions très fatigués et trempés par notre longue marche de toute la nuit dans la neige. Je leur dis que je n'irais pas au chalet, car je ne trouvais pas très prudent de retourner dans un lieu qui était antérieurement occupé par le maquis, les Allemands pouvant avoir obtenu des renseignements et avoir placé sous surveillance les refuges où les maquisards seraient tentés de revenir.

Je me suis donc arrêté dans le pré, où la neige avait disparu par endroits, pendant que mes camarades continuaient leur marche vers le chalet. Les trois Français m'ont rejoint et, au passage, le capitaine Anjot m'a demandé – ce sont ses mots exacts que j'ai toujours gardés en mémoire : « Alors, vous n'allez pas plus loin ? » Je lui ai répondu : « Non, mon capitaine, pour le moment, je reste ici, on verra bien après. » Il me répondit : « Bon, bon, bonne chance ! »

Je crois bien que je suis le dernier rescapé auquel le capitaine Anjot ait parlé.

Je me suis alors assis à la lisière du bois, là où il n'y avait pas de neige. Je me suis enveloppé dans ma couverture, en disposant à côté de moi la sacoche, la mitraillette, les chargeurs. J'ai gardé sur moi, accrochés à la ceinture, trois grenades et un pistolet « colt » fabriqué en Argentine, que j'avais attachés avec une corde de parachute. J'ai fermé les yeux et, écrasé de fatigue, j'ai dû m'endormir.

J'ai été brusquement réveillé par le bruit de rafales d'armes automatiques et, l'espace d'un éclair, j'ai vu surgir du petit bois, à une trentaine de mètres, un casque, tandis qu'une volée de balles tombait à côté de moi. Le terrain présente un dos d'âne à cet endroit et c'est ce qui m'a sauvé. J'ai aussitôt bondi dans le bois pour m'y camoufler.

Il devait être aux environs de 15 heures.

Je pense que les trois Français sont entrés, comme les Espagnols, dans le chalet pour s'y reposer ou y attendre la nuit et que les Allemands sont arrivés pour les surprendre. Quand ils les ont entendus, ils ont dû sortir du chalet et se faire abattre par les Allemands.

Il y a trois raisons pour que je dise cela :

J'ai entendu les rafales – de nombreuses rafales – groupées en un court laps de temps.

1) S'ils étaient tombés dans une embuscade, comme il y avait deux groupes, les Espagnols devant, les Français derrière, il y aurait eu beaucoup plus de coups de feu.

2) Entre le moment où le capitaine Anjot m'a dit, en passant, « bonne chance » et le moment où j'ai entendu la fusillade, il s'est passé un certain temps. Il ne fallait pas tout ce temps pour franchir la centaine de mètres qui nous séparaient du chalet. Ils sont donc bien rentrés dans le chalet.

3) Les trois Français et les deux Espagnols dont j'ai vu les corps ont été tués en même temps et au même endroit où s'élève le monument. Ils s'étaient donc rejoints.

Mais alors, pourquoi lit-on le nom de trois Espagnols sur le monument ?

Le corps du troisième Espagnol, Manuel Corps Moraleda, a été découvert en face de la ferme des A. selon une déclaration des habitants de Nâves s'occupant de la Résistance. Il avait été blessé au ventre dans ou près du chalet, en même temps que ses cinq camarades. Il avait pu rejoindre la ferme des A. Lorsque la vieille A. est montée de Nâves, elle l'a trouvé couché dans son lit. Corps lui a demandé l'aide d'un docteur. Je ne sais pas ce qui a pris aux A. Au moment où, avant de monter à Glières, nous étions à la ferme, nous leur avions coupé du bois, descendu du bois, rendu différents services, offert à manger, nous les avons reçus certains dimanches... Au lieu de porter secours à Corps, la vieille femme l'a flanqué dehors. Il se réfugia dans la grange, dans le foin où étaient les vaches.

Le lendemain matin, vers 5 heures, en allant soigner les vaches, les A. l'ont découvert. Ils l'ont sorti de la grange et tué à coups de pioche et de bâton (toujours selon les témoignages des habitants de Nâves).

Après la découverte des corps, aux environs de 20 heures, j'ai pu constater qu'un des Espagnols avait la tête à moitié emportée par une rafale. Le capitaine Anjot avait la poitrine couverte de sang.

Je ne peux affirmer si les balles étaient rentrées par derrière et ressorties par devant, mais il était couché sur le dos et c'est de sa poitrine ensanglantée dont je me souviens. Je n'ai pas trop regardé les autres parce que je ne voulais pas m'éterniser. J'ai reculé à nouveau. J'avais, depuis le départ du plateau, l'idée très précise d'aller rejoindre une baraque appartenant à des bûcherons qui se trouvait au mont Baron. Je la connaissais très bien pour y avoir vécu six mois auparavant. Je pensais qu'elle ne devait pas avoir été repérée par les états-majors allemands.

J'y connaissais, entre autres, les gens qui aidaient le maquis. D'ailleurs, les camarades espagnols de mon groupe avaient la même intention.

J'ai essayé de sortir tout doucement par le village de Nâves. Impossible. J'ai essayé en direction d'Aviernoz. Impossible. Je suis encore resté au moins deux bonnes heures sans savoir que faire. J'ai enfin découvert un ruisseau où, grâce au dégel, il y avait suffisamment d'eau pour étouffer mes pas. J'ai traversé la route et, 200 m plus bas, j'ai sauté dans les champs. J'ai contourné Nâves, derrière le cimetière, pour arriver à la ferme des Panisset. Là, j'ai obtenu de précieux renseignements. Il me manquait deux principaux obstacles à franchir : le premier était de traverser le Fier, car le pont était gardé, le second était la route qui menait de Sur-les-Bois à Thônes.

Pour traverser le Fier, ce que je fis en nageant et marchant, je me suis débarrassé du pistolet et des trois grenades que j'avais pu sauver de Nâves. Il devait être à ce moment-là deux heures du matin. Trempé jusqu'aux os, j'ai grimpé jusqu'à la route de Sur-les-Bois-Thônes.

J'y suis resté caché pour surveiller les mouvements des Allemands parce qu'ils avaient installé des barrages tous les 150 m qui étaient rendus visibles par une petite lumière rouge et par deux sentinelles qui faisaient le va-et-vient.

Quand les deux Allemands sont passés devant moi et se sont éloignés, j'ai traversé la route et je me suis enfoncé dans la montagne du mont Baron. À environ 200 m à l'intérieur, je me suis reposé sous des sapins jusqu'à l'aube. À partir de là, j'ai commencé la marche qui devait me mener à mon point final, la baraque des bûcherons.

La neige du mont Baron était molle et j'avais de très grandes difficultés à marcher. C'est vers 17 heures que j'ai pu arriver près de la baraque. Il y avait à l'intérieur une personne qui m'avait vu arriver et avait commencé à courir pour s'échapper. Mais elle s'était rendu compte à mon approche que je n'étais pas un milicien comme elle l'avait imaginé.

Cette personne s'appelait Pierre Velu et habitait à Menthon-Saint-Bernard. Il m'aida dans mes derniers pas, il me donna à manger. Il me tint compagnie pendant une heure et demie et rentra chez lui. Je restai seul dans la baraque, où je dormis d'une traite toute la nuit. Le lendemain matin, Roger Paris, d'Alex, beau-frère de Pierre Velu, m'apporta à manger. Je suis resté seul, à cet endroit, pendant une semaine. Un groupe de six Espagnols rescapés (parmi eux José Caballero) dirigé par les paysans d'Alex monta me rejoindre. C'est là que nous avons formé un groupe de sept rescapés, totalement désarmés.

Dès que les Allemands ont relâché leur surveillance armée le long du fleuve, devant Alex, trois jours après nous avons préparé une expédition de quatre personnes, Roger Paris, Pierre Velu, (je ne me rappelle plus le dernier nom) et moi. Nous sommes montés par la Balme de Thuy pour arriver au début du plateau.

Nous y avons récupéré trois FM, quatre mitraillettes, des mousquetons, des chargeurs pleins de munitions et le grand drapeau du plateau qui était plié dans une musette. Nous sommes descendus à Alex très chargés et nous avons remonté tout ce matériel jusqu'à notre baraque. Après le nettoyage des armes, nous avons découpé un bidon d'huile, l'avons nettoyé et mis à l'intérieur le drapeau pour le conserver à l'abri des rats.

Nous avons caché le tout, sous un tas de branches provenant de la coupe de bois.

Nous avons quitté la montagne pour rejoindre les autres Espagnols en emportant quelques armes. Les armes restantes et le drapeau furent cachés sur place.

Après la Libération, je suis retourné à Alex pour les récupérer, mais le drapeau avait servi pour couvrir le corps d'un Résistant tué un jour avant la libération d'Annecy. Le drapeau avait disparu à jamais.

Le lièvre court encore

Témoignage de Manuel Joya (Fonds Glières – B5 – P43, droits réservés : Conseil général de Haute-Savoie, 2006)

Les barbares mécréants
Nous ont roulés à coups de bâton
Le ciel aide les méchants
S'ils sont plus forts que les bons.

Poème espagnol

Marseille, janvier 1986,

« Cette fois-ci, on va être rôtis à la broche comme des petits oiseaux. Possible, Perea, mais espérons qu'il restera toujours quelqu'un pour le raconter, l'essentiel est de rester ensemble. »

Assis sous un pin, adossés au talus au bord du chemin descendant au Petit-Bornand, près des positions du « renfort Ebro », nous voilà cherchant toutes les possibilités de faire face à une situation sans illusions.

Nous étions six : Ortiz, Clausell (Caterre), Perea, Ramos, Barba et moi. Il s'agissait de ne pas perdre le contact, notre liaison devait être constante, ayant déserté les compagnies de travail, sans famille, sans connaissances, sans avoir une porte où frapper ; seule notre cohésion pouvait nous donner l'espérance de survivre.

Chose admirable l'amitié, et dans quel vide doivent se débattre ceux qui sont abandonnés à eux mêmes.

Impuissants à leur venir en aide, nous avons vu à notre droite nos positions submergées par les Allemands, l'ordre de décrochage est arrivé tard dans la nuit sans rencontrer Perea, Ortiz et Clausell, détachés ailleurs.

Malheur aux vaincus ! Vision inoubliable, scène gravée pour toujours, la traversée du plateau, l'appel des blessés laissés à leur triste sort, sans positions arrière où les transporter... Le maquisard a bien payé sa rançon à la gloire.

Arrivés au maquis de La Combe d'Ire (Doussard), la contrée nous était inconnue, d'autres, aussi désorientés, nous ont rejoints dans la nuit où la neige reflétait assez de lumière pour nous guider vers une direction opposée à notre front.

Trébuchant, nous cramponnant aux arbustes et, à défaut, roulant, ayant dû utiliser dans les descentes trop raides nos cordes de parachute.

La belle idée, ces cordes de parachute, notre plan était de passer là où personne n'oserait le faire. En prévision, l'un de nous avait fourré dans la musette, malheureusement vide de victuailles, quelques cordes et un morceau de parachute.

À ce propos, une pensée pour Lacombe, notre chef de gare : « Par rapport aux autres, disait-il, nous sommes des aristocrates, on pète dans la soie ».

Le jour est arrivé, et à présent, regardant la carte, je m'efforce de situer l'endroit ; il devait se situer près du col de Pertuis dans une grande clairière que la neige dénudait plus encore, avec un seul chalet, nous étions une vingtaine que le hasard avait réunis sans se consulter pour déguerpir de ce lieu trop à découvert.

Galo Utrilla et Miguel Esteve (Miquelet) étaient les plus âgés parmi nous et, dans ces circonstances, les plus déconcertés. Pour les consoler (maigre consolation), une boîte de conserve a mis dans leurs mains presque la moitié de nos réserves, des adieux muets. Bonne chance.

Pauvre Miquelet. Perdu dans ces neiges, lui qui rêvait chaque jour des soirs étoilés de Barcelone sous les palmiers du Paseo de Colon, toujours à l'affût de nouvelles conquêtes, papillonnant sans cesse autour des bancs où bonnes et nourrices prenaient le frais. Chacun pour soi, obliquant à gauche avec Ramos et Barba dans la fente d'une roche, petite caverne, abri provisoire pour s'alléger de tout poids, au plus profond nous avons enfoui mitraillettes et couvertures, notre bien le plus précieux depuis 1936, et gardé les toiles de tente et nos revolvers. Le mien était une vraie pièce de musée, de la grosse artillerie ; avec des balles d'un tel calibre, impossible de louper quoi que ce soit. Un jour, je gagnerai le Loto (c'est dans la poche) et c'est promis, je ferai tout pour le décrocher.

Arrivés en bordure de l'escarpement, la vallée s'étendait à nos pieds et on devinait plus que l'on ne voyait la rivière longeant à travers.

En dévalant la pente tachetée de neige en terrain découvert, sans aucun doute nous nous étions fait repérer : ça pétait un peu partout, nous dégringolions à travers la pierraille les pieds en travers afin d'éviter la culbute jusqu'à l'endroit où se dressaient les premiers arbres ; nous voilà à couvert. Ouf... !

En face, les montagnes boisées nous offraient un abri plus sûr mais seule la nuit arrivant permettrait de les atteindre, en repérant les gros bouquets de sapins pour couvrir notre marche, évitant les fayards[1]. Sans leur couverture de feuilles, l'oreille tendue à tout bruit et contournant les chalets, vrais pièges à rats ; une grosse pierre, peut-être un morceau de falaise détaché, espèce de monolithe enfoncé au bord du pré, nous a servi ce jour-là d'abri et de poste d'observation. Là-haut dans la falaise et un peu partout nous parvenaient des cris, des rafales et des coups de feu isolés.

Barba nous a dévoilé sa stratégie : si l'ennemi arrivait d'un côté, il fallait passer de l'autre, tactique bien simpliste, jeu de cache-cache inspiré à coup sûr des films de cow-boys et de peaux-rouges.

« Si je tombe, prends mon portefeuille. » Avec ce geste, je suis devenu l'unique héritier de Ramos ; il avait le sens de

1. Hêtres de bordures de forêt.

l'économie plus développé que moi, mon portefeuille a été toujours à plat.

Il est vivant, longue vie Ramos, je suis content d'avoir raté la seule occasion d'hériter de quelque chose. Quand tout est tension, les jours ne finissent pas, les sens en constant éveil bloquent le cerveau, seul compte l'instant présent, tout en sentant autour l'invisible danger.

Sans se presser, le soir est arrivé. Allons-y ! Pas encore, en sortant au pré, on peut se faire voir, peu à peu les contours s'estompent. On y va. Cette pénombre est notre complice, après tout, c'est l'heure de la soupe, et nos ennemis, comme n'importe quel mortel, n'échappent pas à cette nécessité.

Faux calcul, et, plus impardonnable, emprunter ce chemin au fond duquel à travers les arbres s'apercevait la pâle lueur d'une des fenêtres de la ferme. Par mimétisme, les membres d'un même groupe réagissent ensemble aux mêmes impulsions ; si l'un d'entre eux ouvre sa braguette, dirigeant son jet contre un arbre, les autres font de même, poussés par un instinct animal d'imitation. Lequel de nous a eu l'idée scabreuse de s'asseoir à cette croisée ? Va savoir, nous voilà assis jambes ouvertes, et accordés pour prendre la même position.

Dos à la maison, ayant devant le pré à traverser, quelques minutes pour se fixer et, soudain, une rumeur comme un bruit de pas nous a mis en éveil. – Quelqu'un arrive. – Ce sont les vaches. Comme toujours, Barba avait trouvé la solution la plus facile.

Près de nos têtes, si près, si inattendu, pareil à un claquement, des mots hachés en allemand ont coupé le silence et la première rafale a crépité, les autres suivant, dans l'obscurité où nous avons foncé à toutes jambes, en une fuite éperdue, vers le bois à gauche remontant vers son épaisseur, essoufflés par l'escalade et nous avons réalisé que Barba avait disparu.

Terrés sous les branchages avec Ramos, attendant d'être rejoints par Barba, hésitant sur la décision à prendre, notre deuxième nuit se présentait pire que la première.

Le jour naissant nous a trouvés au pied d'un rebord rocheux. Parmi les autres, un grand sapin était là, planté, pour nous accueillir avec, à son pied, couverte par ses branches comme un parapluie, une terre sèche et couverte de brindilles. Ses branches nous offraient un escalier et son épaisseur un refuge.

Quant un chat est harcelé par les chiens, son unique moyen de survie est de monter à un arbre, c'est ce que nous avons fait ; la meute lancée à nos trousses ne pardonnait pas, l'escalade a été facile et nous nous sommes installés près du sommet, les pieds bien calés, les branches nous servant de siège et la musette de coussin, une corde passée autour du corps et du tronc.

Soyez sobres, aucun danger d'avoir une dilatation d'estomac après avoir grignoté une espèce de galette parachutée là, près du ciel, enlacés au tronc dans notre tour de guet improvisé, pour tout de suite sombrer dans un sommeil en retard de deux ou trois nuits.

Le tintement d'une cloche au loin nous a réveillés, un peu plus bas Ramos a fait signe que tout allait bien. Celui-là, jamais en défaut, je suis sûr qu'il dort avec un œil ouvert.

Quel jour sommes-nous ? Peut-être dimanche, une vision réduite entre les branches laisse voir une partie du bois et un morceau de pré.

Oui, mon gars, si tu passes à travers et qu'un jour tu le racontes, tes petits-fils vont pouffer à ta barbe. Robin des Bois d'accord, mais pas toi, personne te croira, espèce d'andouille !

Nous voilà suspendus entre ciel et terre, entourés d'ennemis, c'est là qu'on mesure notre petitesse. Oui, nous sommes la raison, et la raison ne périt pas mais, quand cette tuerie sera finie, nous devrons tous faire acte de contrition pour notre purification.

Ma mère trouvait en Dieu son recours. « Quand le diable n'a rien à faire, disait-elle, il tue les mouches avec la queue. »

L'intolérance, voilà le diable.

Oui, oui, on le sait, arrête de te creuser la cervelle, si dans notre intérieur nous sommes pleins de contradictions, comment pouvons-nous être en harmonie avec les autres, qui sont eux aussi dans les mêmes circonstances ?

Si au moins on pouvait fumer mais pas question ; descendre non plus : les jambes engourdies et le dos courbatu, il nous faut attendre la nuit pour en finir avec cette raideur et sortir de ce guêpier.

La nuit était claire et silencieuse ; retrouver le plancher des vaches, se rouler jusqu'à ce qu'os et nerfs trouvent la bonne position, le plan était simple, sortir du bois, traverser le pré et passer la rivière, le bois laissé derrière, coupant droit, nos pas amortis par l'herbe.

Amortis ou non, cette fois de face, une rafale a claqué dans nos nez, qui se sont aplatis contre terre. Combien de temps s'est écoulé dans cette position ? Mystère. Si je dis qu'on a fait un petit somme, personne ne va le croire, l'ennemi en éveil pour relâcher son attention seul le temps devait le permettre. Une heure peut-être deux, on se secoue, en route, rampant, s'arrêtant de temps en temps courbés, le reste du pré pour nous trouver au point de départ.

Le vrai fiasco, inutile de buter toujours contre la même pierre et force est continuer dans notre trou et attendre.

Il y a un proverbe arabe qui dit : « Assieds-toi à la porte de ta maison et tu verras passer le cadavre de ton ennemi. » C'est bien, mais l'Arabe qui l'a inventé devait avoir le garde-manger bien garni... Mal nous en prit de le suivre à la lettre.

Étendus à plat ventre, parlant juste le nécessaire, le menton sur le bras, faire demi-tour et se trouver les mains sur la tête, ni endormis ni éveillés, dans un état second près de l'hibernation, des jours se sont écoulés.

Si je me suis permis d'écrire cette relation dans mon minable et boiteux français, c'est surtout pour me remémorer un épisode cocasse ancré dans mes souvenirs.

Au deuxième ou troisième jour, la tête appuyée sur mon bras gauche replié, à deux pas de moi, ses yeux dans les miens, un lièvre (je dis bien un grand lièvre) se reposait tranquillement.

Cette chair se détachant de l'os, compagne inséparable de nos cauchemars faméliques, sa graisse dégoulinant des babines étaient là comme un défi à nos ventres aplatis. Lentement, mon regard plongé dans le sien, mon bras a glissé à la ceinture empoignant le revolver et le remontant tout doucement à sa hauteur, le voilà bien visé, plein dans le corps.

Non, tu savais que cela était impossible, la détonation allait alerter la vallée et, pour un lièvre, nous serions tombés comme des figues mûres dans les mains de ces ruffians, peu à peu, repliant les bras, dressant le corps, prêt à bondir... Comme un éclair il a sauté et disparu.

Ne pas céder à la tentation : plus qu'une règle de morale, c'est un code de prudence.

Aux futurs soldats, en même temps que la théorie et le maniement des armes, il sera nécessaire pour compléter leur instruction d'organiser des cours de survie en pleine nature hostile.

Assez de balivernes : déjà quatre ou cinq jours que tu es là en totale inaction, ankylosé, un ou deux jours de plus et les forces t'abandonneront, finie l'attente, en route.

Mes jambes flanchent ; obliquant à droite, nous descendons jusqu'à la limite du bois, devant nous, au fond de l'autre versant, deux fermes près l'une de l'autre, un chemin monte à gauche vers une autre ferme près du sommet de la colline. Nous restons cachés dans les broussailles une heure durant, observant les allées et venues des habitants, tout paraît normal, Ramos s'avance et je le suis, prêt à toute éventualité, il sort en courant, les occupants l'ont menacé de nous dénoncer ; à la deuxième, victoire : demi-pain de campagne plus une tome.

L'appétit vient en mangeant, le pain et le fromage n'ont pas eu le temps de moisir ; l'objectif pour ce soir : la ferme de la colline, rien de suspect, le va-et-vient habituel, tout l'après-midi, on ne l'a pas quitté des yeux, tels des loups affamés humant leur proie dans l'espoir de calmer les tiraillements de nos estomacs réveillés.

Une pauvre lumière filtre à travers le rideau d'une unique fenêtre, on frappe à la porte, une femme entre deux âges ouvre.

« Bonsoir madame, pouvez-vous nous vendre un peu de pain et de fromage ?

Elle a compris.

– Entrez mes enfants.

– Non madame, nous ne voulons pas vous compromettre.

– Pas question, venez et mangez un peu. »

Dans la cuisine, autour du feu, des vieux, probablement les grands-parents, le ménage, des filles et des garçons, des grands et des petits. Peut-être les survivants se souviendront de ce soir où ils ont accueilli ces deux pitoyables revenants. Tandis que les jeunes montaient la garde dehors, les autres, après nous avoir porté de l'eau pour nous laver les mains nous ont servi une bonne soupe et rempli de beurre, de pain et de fromage nos musettes et nous ont réconfortés et répété d'éviter Villaz, occupé par les GMR. Finie la fringale et avec elle l'incertitude et le découragement de mes amis. L'estomac est le moteur qui nous dirige et commande. La preuve, dans l'espace de quelques heures, il a transformé totalement ces pauvres diables au bord de la désespérance. – Braves gens, là ou vous soyez, quarante ans après, une fois encore, je vous remercie. – Sans cesser de dévorer à pleines dents, la descente a été rapide, le terrain devenu plat à l'abri des arbres, arrêt, un creux au sol, des branches pour toit, une digestion de boa et le sommeil qui donne une conscience limpide et... replète.

Le jour filtrait un soleil timide, angélique apparition, Ramos avec une bouteille de lait à la main, avec ce lascar, je serai toujours en retard, bien accueilli dans une ferme proche, bonnes nouvelles les GMR sont partis de Villaz, le maire, brave homme entre tous, peut nous aider, décision vite prise, ce soir nous irons lui rendre visite.

Soyons clairs, si ces lignes doivent être la narration fidèle des faits, il faut aller de l'avant, à choisir, bouchez-vous le nez ou sautez la page. (...) C'est arrivé brusquement, anormalement pressant, je me suis éloigné et accroché au premier arbre venu, tous ces jours sans avaler une goutte de liquide, ce pain et fromage secs ont amassé en moi un ciment impossible à évacuer malgré efforts et sueurs.

Je ne vous souhaite pas pareille situation. Ce coco de Ramos, soumis au même régime, roupille tranquillement, il doit avoir les tripes blindées.

Avec les moyens du bord, utilisant le manche de la brosse à dents et un morceau de beurre, ce déculotté a pioché une partie du jour pour avoir raison de cette masse qui menaçait de me submerger, sans fausse pudeur, j'ai osé dévoiler cet épisode biscornu, la grandeur est faite de toutes ces misères.

Marchant comme en terrain conquis le soir, un jeune rencontré dans la rue nous a indiqué la maison du maire, sa fille nous a ouvert, je le revois encore assis près de la table avec sa longue et grise moustache gauloise, de loin ça sentait l'honnêteté.

À présent, les bonnes nouvelles s'enchaînent : le pont d'Onnex n'est pas gardé, les GMR sont partis mais attention, les Allemands sont à Nâves, il ne faut pas se tromper de route ; en arrivant à l'église, prendre à droite.

La jeune fille nous a marqué sur un papier l'itinéraire à suivre et nous a fait sortir par la porte de derrière.

Merci encore.

Oui, nous savons où nous avons la main droite, n'empêche que, devant l'église, l'obscurité nous a égarés et nous voilà engouffrés en direction de Nâves.

Un maquisard, même la nuit, ne marche pas au milieu d'une route, ce pont d'Onnex est bien loin et pour cause ! Une forme à bicyclette arrive en face et nous dépasse, fait demi-tour, revient, nous rattrape et met pied-à-terre. C'est un jeune.

– Où allez vous ?

– Au pont d'Onnex.

– Ce n'est pas le chemin, je viens de Nâves voir ma fiancée, il y a un poste allemand pas loin d'ici, suivez-moi, je vous conduirai au pont d'Onnex.

Il y a un bon Dieu même pour les mécréants, si ce jeune s'attarde un peu plus à bécoter sa fiancée, les deux nigauds que nous sommes tomberont sans rémission dans la gueule du loup.

On le suit, une maison en contrebas de la route, sa mère qui s'affaire pour nous donner à boire et à manger, nous voilà bien tombés, ce sont des nôtres.

Trois jeunes nous accompagnent de l'autre côté du pont, rendez-vous pour demain au même endroit, ils viendront avec d'autres rescapés et nous accompagneront au mont Veyrier, lieu de rassemblement.

Le jour venu, sous les sapins, face au pont, luxe défendu jusqu'alors, un feu de bois sec nous a chauffés et réconfortés tel un vieux compagnon d'errance retrouvé.

Le jour tombé, embusqués sur le remblai au bout du pont, l'attente n'a pas été longue, bruit de pas, rumeurs de voix et surtout une reconnaissable entre toutes: celle de Navarro. – Voilà la grenouille dans la mare. – *« La rana en el charco »* chuchotait-on entre nous dans ces veillées autour des braises quand Navarro s'empêtrait dans ses péroraisons. Tout un groupe, les trois frères Fernandez indemnes et, parmi eux, devinez?... Barba.

Barba, au comble de l'allégresse, collé à nous deux, bégayant plus que d'habitude, n'en finissant pas de nous débiter ses mésaventures entrecoupées seulement par les obstacles du chemin.

Dans l'euphorie de nos retrouvailles et cette sensation de chaleur humaine qui nous enveloppait, on ne l'écoutait même pas.

Un autre chapitre commençait.

23. Monument aux morts pour les trois Espagnols tombés aux côtés du capitaine Anjot le 27 mars 1944. Plaque déposée par la résistance espagnole.
(Source : Collection Miguel Vera.)

24. Monument aux morts espagnols du 27 mars 1944 à Thorens, portant, pour les résistants espagnols, la mention: « Morts pour la France ».
(Source: Collection Miguel Vera.)

Témoignage de Julien Maffioletti, section « renfort de Ebro » (Fonds Glières – B5 – P43, droits réservés : Conseil général de Haute-Savoie, 2006)

Voici comment j'ai rejoint les Glières. J'y ai vécu les événements, semaine après semaine, les opérations auxquelles j'ai participé, et ce qui s'est passé dans ma section lors de l'attaque allemande.

Mi-janvier 1944, j'ai rejoint le maquis de nos camarades espagnols à Nâves, ceci par l'intermédiaire de Perez Rodrigue, qui était venu nous chercher à Annecy. (Nous étions trois : Mazza Waisser, Pozzi Attilio et moi-même.) Vers le 1er février 1944, la section a reçu l'ordre de rejoindre les Glières. C'est par camions réquisitionnés que nous avons fait le trajet Nâves-Usillon, et c'est notre camarade Rodrigue qui, en vélo, ouvrait la route en tant qu'éclaireur, car beaucoup de miliciens se trouvaient à Thorens. D'Usillon nous sommes montés au « Pas du Roc » où, quelques jours après, un camarade est venu nous chercher pour qu'on rejoigne le plateau et prenne position au-dessus du « Sorcier ». Nous étions la section « renfort de Ebro ». Mazza et moi-même, sur la demande du QG, étions restés avec les camarades espagnols en tant que téléphonistes pour mieux dialoguer car nos camarades avaient beaucoup d'accent, alors que Pezzi avait rejoint une autre section.

La première alerte fut l'attaque du groupe « GM » au-dessus du Petit-Bornand. Nous avions pris position en dessous de chez le « Sorcier ».

La deuxième fois, on a participé à l'encerclement du groupe « GMR groupe Aquitaine » à Saint-Jean de Six et, la troisième fois, c'était l'attaque à Entremont. Notre rôle était de couper la route aux miliciens qui étaient au Petit-Bornand, au cas où ceux-ci auraient eu l'intention de prêter main-forte aux GMR d'Entremont.

Malheureusement, j'ai eu l'honneur, avec trois autres camarades, de porter le corps de notre tant regretté Tom sur quelques centaines de mètres.

Le 26 mars, nous étions au poste avancé, au-dessus de chez le « Sorcier ». Nous n'avons pas eu l'ordre d'évacuer le plateau et ce n'est que vers 1 h 30 le matin du 27, qu'un camarade passant par là nous a prévenus, sans cela, nous aurions été pris comme des rats, et certainement plus de ce monde.

Immédiatement, nous sommes partis en direction du col des Glières, en traversant tout le plateau. Quel terrible spectacle que cette nuit ! Certains chalets brûlaient encore, des camarades blessés ne pouvant être transportés, et nous appelant à notre passage, c'était une nuit de cauchemar. Après le col des Glières, on s'est perdus et alors je me suis trouvé vraiment seul dans un endroit inconnu. Après plusieurs heures de marche, j'ai volontairement rejoint un groupe de camarades des Glières que je ne connaissais pas (je crois que c'était au col du Perthuis). Le chef m'a accordé une petite heure de repos, car nous devions traverser ce col avant le jour pour ne pas être mitraillés par les avions. C'est là que j'ai connu l'adjudant Petit Roger du 27e et, ensemble, avec un troisième camarade d'Annecy, nous avons pris la décision de traverser les lignes ennemies du côté de Dingy, c'était le 28 mars : juste avant de traverser le Fier, entre deux ponts en bas de Dingy, le troisième camarade s'est fait tuer. Petit et moi-même avons pu arriver à Veyrier-du-Lac vers 21 h 30, en passant par le col de Bluffy, on s'est rendus chez mon père qui habitait Le Veyrier, il nous a cachés pour la nuit mais, le 29, il y a eu une perquisition de la Milice, alors mon père nous a fait traverser le lac en barque.

On débarque vers la « Chocolaterie » d'Annecy, près de l'hôpital. Comme tout bon Savoyard, nous buvons un blanc avant de nous quitter. Mon père retourne à la barque. Petit et moi-même traversons la place pour nous rendre dans la rue Saint-Clair et la côte Perrière. Au même moment sortent de cette rue sept GMR dont quatre qui étaient prisonniers au plateau. Nous ayant reconnus, ils nous ont emmenés dans un hôtel, qui leur servait de QG, vers la préfecture où nous avons été interrogés sans ménagement, avant de rejoindre nos camarades à la caserne Dessaix. La suite, vous la connaissez.

Au moment où ils nous ont pris, ils ont vu mon père qui allait vers la barque, mais bien sûr nous avons nié qu'il était avec nous.

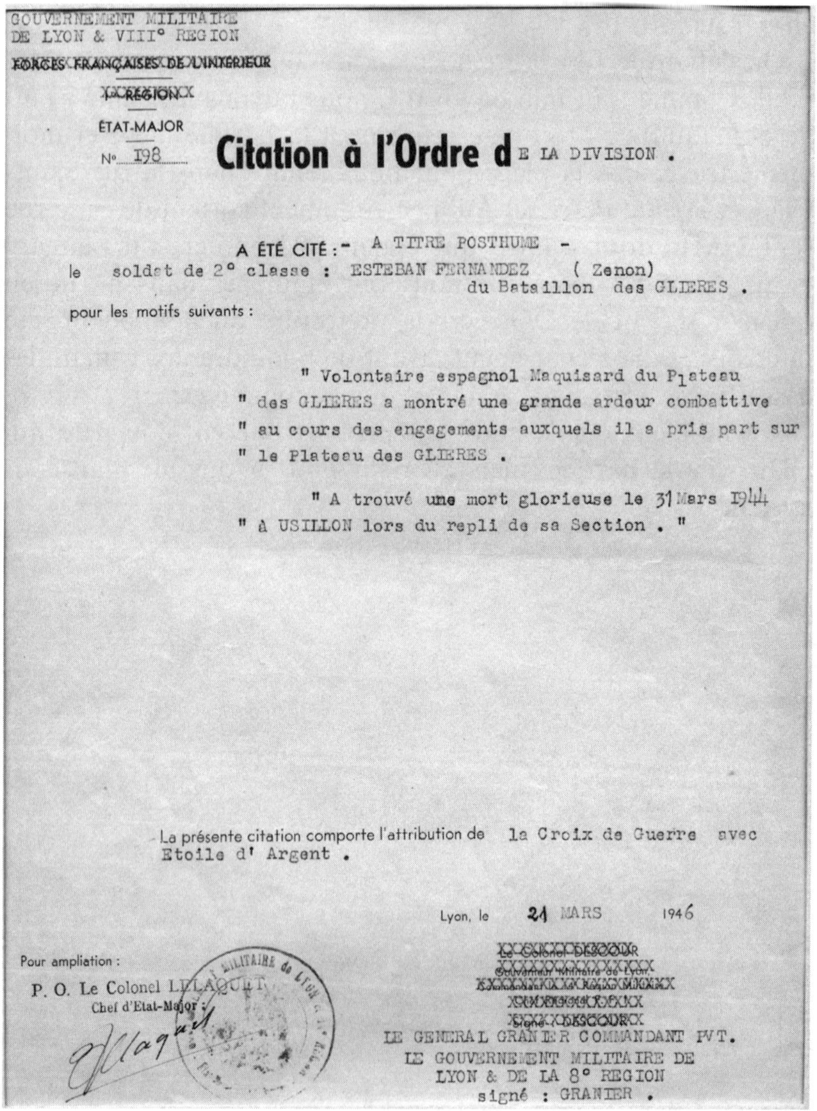

GOUVERNEMENT MILITAIRE
DE LYON & VIIIe REGION

~~FORCES FRANÇAISES DE L'INTÉRIEUR~~

~~1re RÉGION~~

ÉTAT-MAJOR

No 198 **Citation à l'Ordre de LA DIVISION.**

A ÉTÉ CITÉ : - A TITRE POSTHUME -

le soldat de 2e classe : ESTEBAN FERNANDEZ (Zenon)
du Bataillon des GLIERES .

pour les motifs suivants :

" Volontaire espagnol Maquisard du Plateau
" des GLIERES a montré une grande ardeur combattive
" au cours des engagements auxquels il a pris part sur
" le Plateau des GLIERES .

" A trouvé une mort glorieuse le 31 Mars 1944
" à USILLON lors du repli de sa Section . "

La présente citation comporte l'attribution de la Croix de Guerre avec Etoile d' Argent .

Lyon, le 21 MARS 1946

Pour ampliation :
P. O. Le Colonel LELAQUET
Chef d'Etat-Major :

~~Le Colonel DESCOUR~~
~~Gouverneur Militaire de Lyon~~
~~Signé : DESCOUR~~
LE GENERAL GRANIER COMMANDANT PVT.
LE GOUVERNEMENT MILITAIRE DE
LYON & DE LA 8e REGION
signé : GRANIER .

25. Citation à l'ordre de la division de Zenon, Esteban Fernandez. (Source : Conseil général de Haute-Savoie, 2006, et collection association des Glières.)

ANNEXE III

Ces témoignages inédits ont été recueillis par les auteurs lors de l'assemblée générale de l'association des Glières le 26 mars 2006.

1. Alphonse Métral, ancien résistant des Glières, vice-président de l'association des Glières.
2. Jacques Golliet, président de l'association des Glières, 1988-2005.
3. Jeanne Garcia, épouse de Fernando Garcia, combattant espagnol de la section « Ebro », et son fils Georges Garcia.

Témoignages recueillis par téléphone par les auteurs le 30 mai 2006 :

1. Antonio Buesa, Espagnol, ancien de la section « Bayard » des Glières.
2. Maurice Levet, fils Levet, hôteliers à l'Hôtel de France, Entremont.

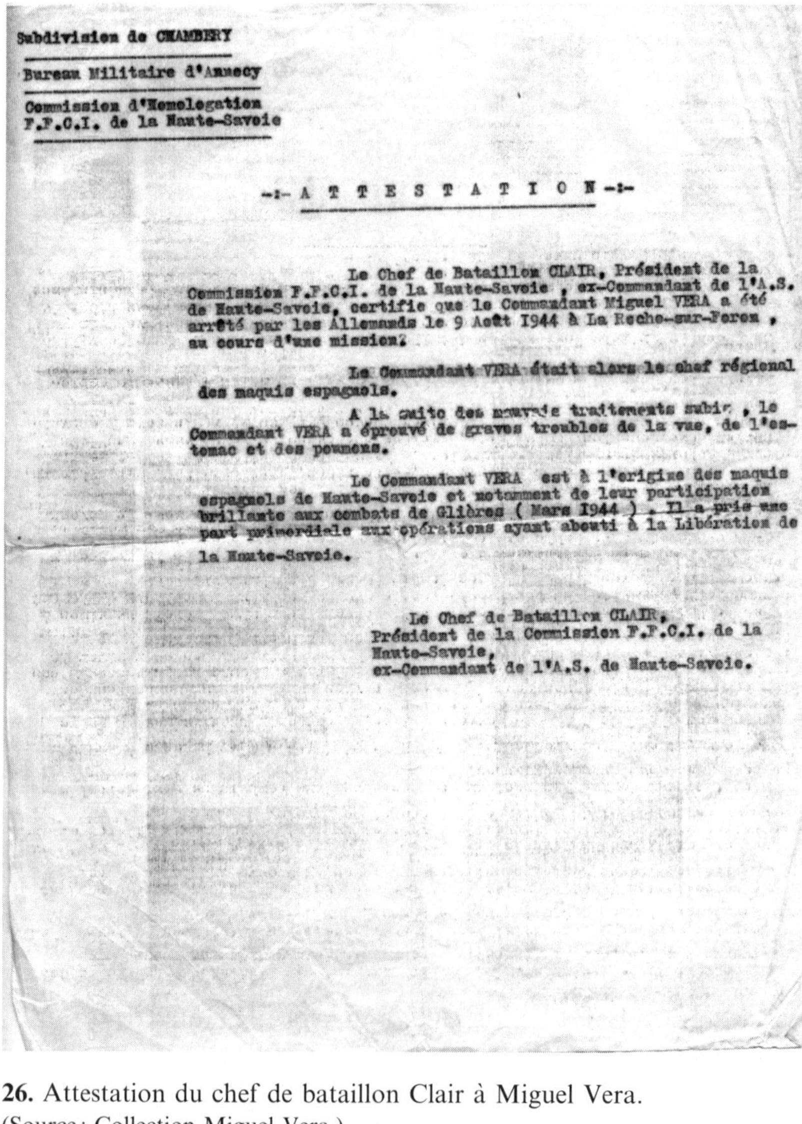

Subdivision de CHAMBERY

Bureau Militaire d'Annecy

Commission d'Homologation
F.F.C.I. de la Haute-Savoie

-:- A T T E S T A T I O N -:-

Le Chef de Bataillon CLAIR, Président de la Commission F.F.C.I. de la Haute-Savoie, ex-Commandant de l'A.S. de Haute-Savoie, certifie que le Commandant Miguel VERA a été arrêté par les Allemands le 9 Août 1944 à La Roche-sur-Foron, au cours d'une mission.

Le Commandant VERA était alors le chef régional des maquis espagnols.

A la suite des mauvais traitements subis, le Commandant VERA a éprouvé de graves troubles de la vue, de l'estomac et des poumons.

Le Commandant VERA est à l'origine des maquis espagnols de Haute-Savoie et notamment de leur participation brillante aux combats de Glières (Mars 1944). Il a pris une part primordiale aux opérations ayant abouti à la Libération de la Haute-Savoie.

Le Chef de Bataillon CLAIR,
Président de la Commission F.F.C.I. de la Haute-Savoie,
ex-Commandant de l'A.S. de Haute-Savoie.

26. Attestation du chef de bataillon Clair à Miguel Vera.
(Source : Collection Miguel Vera.)

Alphonse Métral, ancien résistant des Glières, vice-président de l'Association des Glières
Témoignage recueilli lors de l'assemblée générale du 26 mars 2006

Secrétaire au QG central du lieutenant Tom Morel, puis du capitaine Anjot depuis le 31 janvier 1944 au soir, je suis monté au plateau des Glières pour cette mission spéciale jusqu'au 26 mars à 22 h, où nous avons décroché. J'ai aujourd'hui 85 ans, donc j'avais à l'époque 23 ans et j'étais plus jeune que nos camarades espagnols. Je les ai côtoyés dès le début. Au QG central nous étions surtout en contact avec le capitaine Antonio Vilches, et son lieutenant Ortiz, qui est mort de manière dramatique. Il est retourné chez son frère après la mort de Franco. Il était allé faire un tour dans les bois et, en rentrant, il apprend l'insurrection des Cortès le 23 février 1981. Il est mort d'une crise cardiaque en apprenant la nouvelle. C'est par eux que nous avions des contacts. Moi, je n'avais pas le droit de sortir du QG, j'en étais l'élément permanent, je recevais tous les agents de liaison, les émissaires des Alliés comme le capitaine Rosenthal, je recevais aussi les nouveaux arrivants, les sections qui venaient au ravitaillement et aux nouvelles. Le QG était au milieu du plateau, au bord de la zone de parachutage.

Nous avons découvert et apprécié les républicains espagnols, car nous en avions une fausse image. Il faut savoir que la presse française, au moment des événements de la guerre d'Espagne, les avait présentés comme des brutes sanguinaires, des communistes qui incendiaient les églises, pillaient les villages, violaient les religieuses. C'était cette image qui était dans la tête de la plupart des gens de la région, surtout en ce pays très croyant. Nous avons découvert qu'ils s'étaient engagés dans cette guerre civile non pas pour l'avoir volontairement déclenchée mais pour défendre leur République, élue et attaquée par les généraux. Pour nous, ce fut une découverte. Puis nous avons tant partagé avec eux et tant bénéficié de leur expérience qu'ils ont rapidement été considérés comme membres de notre famille. Notre association s'est fait un honneur de les accueillir car nous étions en présence de camarades qui vivaient une souffrance immense, sans nouvelles de leur famille depuis des années ils ne savaient même pas quand ils pourraient rentrer dans leur pays. Et tout le monde sait que beaucoup n'y sont retournés qu'après la mort de Franco en 1975. Pourtant, ils se sont toujours battus contre le fascisme courageusement, sans faiblesse, sans faillir. Nous avons fait tout ce que nous avons pu pour les accueillir puis, à la fin de la guerre, nous avons œuvré pour leur trouver du travail et les moyens de s'installer. Ils nous l'ont bien rendu par leur amitié.

Je n'étais pas militaire, mais j'étais responsable permanent de la jeunesse ouvrière chrétienne (JOC), ma permanence était à Grenoble et j'avais la responsabilité de trois départements. Le but de notre mouvement était de nous préoccuper de la situation des jeunes travailleurs. Alors évidemment, quand le STO est arrivé, ce fut pour nous un problème de vie auquel il fallut faire face rapidement. Nos camarades des villes ont eu moins de chance, et beaucoup ont été contraints de partir. Moi, j'étais en zone de montagne et nous pouvions envisager le problème autrement. Beaucoup d'entre nous prirent la décision de partir au maquis. J'ai créé une filière depuis Lyon avec des camarades qui se trouvaient sur place pour organiser des jeunes qui voulaient rejoindre le maquis. Et c'est ainsi que nous avons implanté toute une série de chalets et un centre d'accueil dans les vallées du Parmelan et la Dingy-Saint-Clair et d'autres au fond de la vallée du Fier ou en haut, dans la montagne, à Manigod. Et puis, un jour, fin 1943, nous avons eu la visite de deux officiers alliés qui venaient de Londres pour nous annoncer que nous aurions peut-être un grand parachutage alors que nous n'attendions que des armes, nous n'avions rien et nous ne connaissions rien, nous n'avions pas fait le service militaire. La condition posée était que nous fussions en mesure de réceptionner ces armes et de les protéger pour que les Alliés ne les larguent pas chez l'ennemi. Comme nous n'avions pas de formation militaire, il fut décidé de créer une école de cadre pour la formation de l'ensemble des maquisards et, comme notre camp avait été reconnu bien organisé, l'école fut implantée chez nous. C'est ainsi que le lieutenant Jourdan fut nommé instructeur militaire chez nous. Les sessions avaient lieu pendant huit jours avec des délégués qui venaient des différents coins du département. Il y eut quatre sessions durant tout le mois de janvier 1944. Jusqu'au 31 janvier, où nous avons reçu l'ordre de monter sur le plateau des Glières.

Il y avait évidemment des délégués espagnols, qui avaient l'avantage d'une guerre sur nous. Ils nous donnaient confiance et assurance, cela nous faisait du bien de les côtoyer, ils déployaient en plus une grande solidarité et fraternité. Ils ont rejoint le plateau des Glières par l'intermédiaire de Richard Andrés, qui les avait mis en relation avec le capitaine Tom Morel avant même qu'il soit responsable des Glières. Il a naturellement fait appel à eux, compte tenu leur expérience des combats dans les maquis. Ils furent pour nous un capital de confiance inestimable. Et ils permirent à beaucoup de continuer moralement. Ils nous montraient qu'ils menaient les mêmes combats que nous. Ils ont contribué à l'esprit des Glières par leur solidarité et leur fraternité. J'espère qu'ils se sont vraiment sentis chez eux chez nous. Ils avaient un véritable sens de la vie, les soirées avec le capitaine Antonio et ses marionnettes étaient célèbres aux Glières. Ils connaissaient tous le prix de la vie et savaient profiter de tous les instants.

Leur appétit de vivre était communicatif. Longtemps après la Libération, Antonio venait toujours avec ses marionnettes et, immanquablement, il se trouvait quelqu'un pour lui demander : « Antonio, fais-nous jouer tes marionnettes. »

Ce sont aussi les Espagnols qui se trouvaient proches de Morel quand il fut assassiné. Ils l'ont porté une bonne partie du chemin.

27. Monument aux Espagnols, érigé en 1952 à Annecy.
(Source : Collection Miguel Vera)

Jacques Golliet, président de l'association des Glières, 1988-2005

Témoignage recueilli lors de l'assemblée générale du 26 mars 2006

Je suis né en 1931 (13 ans à Glières) et mes parents rentrent en Résistance de manière fortuite. Mon père avait été chef de gare, il n'y avait plus de trains, mais le lieu était très fréquenté ; il y avait des cars et beaucoup de gens sont passés par la maison. D'abord des Juifs. Mes parents n'étaient pas résistants par idéologie, mais ils y sont venus naturellement par humanisme plutôt. Et, si les trains ne circulaient plus à la gare de Thônes, il y avait une ligne téléphonique qui était directement branchée avec la gare d'Annecy et qui, par miracle, échappait totalement au contrôle des Allemands et de la Milice. Il y eut deux résistants, coup sur coup, qui ont été arrêtés, torturés et déportés, mais ils n'ont jamais rien dit, ainsi mon père a pu continuer ses activités.

J'étais le plus jeune, mes parents avaient souci de me tenir à l'écart de leurs activités de manière qu'il ne m'arrive rien et que je ne compromette personne, mais ma curiosité en était d'autant plus exacerbée car je voyais bien qu'il se passait des choses bizarres. J'ai très vite acquis une mémoire visuelle des choses, mais je ne me souviens pas avoir eu affaire à des Espagnols directement.

Il y a eu plusieurs stades dans ma connaissance des Espagnols. Je me vois encore le lundi 27 mars 1944, arrivant à mon collège de Thônes, un collège des prêtres du diocèse, avec beaucoup d'internes et nous avions reconstitué les deux clans : il y avait ceux qui étaient, non pas pour la collaboration, mais pour Pétain. Et l'autre clan, celui des résistants ; il faut croire que je me classais dans le second. Je me souviens d'un camarade qui m'apostrophe ; moqueur, il me lance : « Alors, tes maquisards, c'est fini ! »

Et je m'entends encore lui répondre : « Non ! il y a encore les Espagnols qui se battent. » Pourquoi ai-je dit cela ? Quel était mon imaginaire puissant sur les Espagnols ? C'est sans doute que j'avais entendu cette réplique à la maison. Mais cela reflétait bien leur réputation du moment. Mes parents étaient très au courant de ce qui se passait sur le plateau car ils travaillaient à la gare de Thônes, et par là passait le courrier. Leur réputation donnait confiance dans le combat contre les armées allemandes.

Une autre anecdote que j'ai apprise par mon beau-frère Louis Jourdan, seul officier rescapé des Glières. Quand le chanoine Pasquier, supérieur de mon collège, est monté avec un autre prêtre au plateau le 23 mars 1944, il a rencontré les jeunes résistants. Ils sont montés, réquisitionnés par le chef de la Milice qui voulait que des prêtres portent aux maquis une sorte d'ultimatum où il était précisé qu'il était prêt à venir discuter avec l'officier responsable sur le plateau pour négocier un retrait sans combat ni arrestation, à condition que l'on sépare les jeunes abusés par la propagande de Londres et, bien entendu, les rouges, à savoir les Espagnols. Le chef de la Milice proposait aux maquisards du plateau de livrer les Espagnols aux autorités d'occupation en échange de leur liberté. Bien entendu, Anjot refusa catégoriquement. Les deux ecclésiastiques étaient montés par obligation et les miliciens s'attendaient tellement peu à les revoir, pensant qu'ils seraient « descendus » par les maquisards que, le soir, ils furent tout surpris de les voir revenir. Ils étaient arrivés dans la matinée et prévoyaient de redescendre dans l'après-midi. Le chanoine Pasquier, dont nous avons su après la guerre qu'il avait soutenu la Résistance, mais qui, à l'époque affichait une neutralité absolue, proposa à son coéquipier, en attendant la réponse du capitaine Anjot, d'aller voir ceux qui voudraient rencontrer un prêtre, et il y en avait beaucoup. Par contre, ils ne sont pas allés voir les Espagnols, et mon beau-frère m'a dit : « J'ai eu des problèmes avec les Espagnols qui m'ont demandé : Pourquoi ils ne sont pas venus nous voir ? Ce n'est pas parce que nous ne sommes pas croyants qu'ils ne devaient pas venir. »

Sur l'engagement au plateau des Glières, je peux donner succinctement mon analyse. J'étais enfant mais, depuis, j'ai cherché, discuté, lu et analysé surtout que j'ai été très longtemps à la tête de l'association des Glières. Le plateau a été choisi par des aviateurs et non pas par des alpins, sous l'autorité de Romans-Petit (capitaine de l'aviation) et Heslop qui était anglais ; ils ne mesuraient pas l'obstacle de la neige, par manque d'habitude. Jean-Louis Crémieux-Brilhac, au cours d'une émission de télévision, a répondu sur la question de la neige. « Il devait y avoir 50 cm de neige. » Désolé, mais, à cette époque, il y avait encore plus de neige qu'aujourd'hui, l'épaisseur atteignait les 2 m, il était impossible de se déplacer et encore moins avec des conteneurs d'armes. Lors de ce parachutage, plusieurs fois repoussé, il y a eu un enchaînement de circonstances négatives. Il y avait aussi l'état de siège, qui ne sera d'ailleurs jamais levé officiellement. Les populations étaient contrôlées de toute part et sans cesse. Il est étonnant que certains aient pu s'en sortir.

Les Espagnols se sont vraiment intégrés au pays, pour preuve le nombre important d'entre eux qui se sont mariés avec des filles du coin. C'est très révélateur. Même si, au début, ils ont suscité de la méfiance ; les gens de la montagne quand ils voyaient arriver quelqu'un du village d'à côté, déjà, ils le regardaient de travers, alors songez : des étrangers, qui parlent une autre langue qui plus est ! Tous ceux qui n'étaient pas de la vallée étaient des étrangers ; épouser une fille de la vallée d'à côté équivalait à épouser une étrangère. Alors venir de loin ou de la vallée d'à côté, c'était un peu pareil. Ils ont laissé des souvenirs plutôt sympathiques. Je pense par exemple à Entremont, l'Hôtel de France où Tom Morel a été tué et dont le propriétaire, Lucien Levet, a été arrêté par la Gestapo et déporté car les nazis ont rapidement su que cet hôtel donnait des renseignements aux résistants. Il y a toujours eu un Espagnol qui y était et travaillait là, il a été obligé de monter aux Glières au moment le plus risqué. Il revient depuis tous les ans parce qu'il garde et a laissé un excellent souvenir de son passage. Je serais tenté de dire qu'entre un Parisien et un Espagnol, il n'y a pas de différence, et la population les a très bien accueillis, du moins dans cette vallée. Ce ne fut pas le cas partout, par exemple en Chablais, il y eut un affrontement Milice contre Résistance. Dans certains villages, souvent poussés par le prêtre de la paroisse, des habitants se sont engagés plus nombreux qu'ailleurs dans la milice. Ils ne pouvaient donc pas avoir de sympathie pour les Espagnols. À Thônes, après avoir été pétainiste, la vallée s'est rangée en bloc du côté de la Résistance.

Dans certains villages, il y a eu des problèmes parce que le prêtre ou le vicaire de la paroisse était totalement anti-rouge, pour des raisons historiques d'ailleurs. Nous connaissons bien ces zones-là, où il y eut autrefois des guerres de religions entre catholiques et protestants et, souvent les secteurs protestants sont restés des secteurs contestataires. Ce fond de contestation a amené les communistes, ce qui est assez extraordinaire car, juste avant-guerre, le parti communiste était pratiquement inexistant. Dans certains villages, il y a eu des tensions très fortes, dont les combattants espagnols ont pu être victimes parfois. Mais, à l'association des Glières, il n'y a jamais eu de problèmes. Ils ont eu une carte de visite très forte sur le plateau, déjà ils bénéficiaient d'un grand respect pour leur pratique, leur expérience. Ils avaient aussi un homme que l'on appelait le capitaine Antonio (Vilches Agueyo Gabriel). Et cet homme avait une aura et un talent de créateur particuliers. Il avait fabriqué une marionnette et, avec elle, comme il faisait lui-même de la musique, aidé de ses camarades espagnols, il avait monté des numéros de danse avec marionnette. Pour des gars cantonnés en pleine montagne, isolés, cela représentait un grand divertissement, et pour ces hommes, qui avaient déjà traversé tant d'atrocités, se réjouir ensemble représentait quelque chose de très intense. Les Espagnols étaient très chaleureux, surtout par rapport à des Hauts-Savoyards qui sont en général plutôt taciturnes et froids, mais ont le désir de s'amuser tout de même. Enfin, maintenant que je peux réfléchir à ces événements avec du recul, et que vous me demandez de vous décrire notre perception de ces combattants, une chose me frappe, c'est que je n'ai toujours entendu que du bien des réfugiés espagnols.

Puis il y a cet acte qui va marquer les esprits : les Espagnols qui escortent le capitaine Anjot et qui vont l'accompagner jusque dans la mort. C'est un témoignage de fidélité assez prodigieux.

Il y eut ensuite beaucoup de familles mixtes comme celle de Georges García, fils d'un réfugié espagnol et d'une native de Thorens ; il est coiffeur dans ce village. Ils ont vécu sans aucun problème d'intégration, au contraire, c'est une personne très active, qui participe à la vie associative de la région. J'ai l'impression qu'ils ont vécu avec un grand naturel, même s'ils n'ont jamais réussi à parler vraiment bien le français, ça je crois que c'est pour eux insurmontable.

La question de l'acceptation de leur présence ne se posa même pas, ils étaient naturellement là, avec leur façon de vivre, et même leur anticléricalisme était accepté dans ce pays très traditionnel et religieux.

Les Espagnols connaissaient mal le pays, ils avaient simplement une connaissance de la guerre en montagne, et il suffisait de leur dire simplement « bonjour » pour qu'ils soient repérés en tant que tels, ce n'était pas difficile, mais, malgré tout ce cumul d'obstacles, ils n'ont eu que huit morts au total. Ils ont réussi à passer au travers des mailles du filet.

Les combattants espagnols ont gardé un souvenir très ému de Tom Morel... Et Morel avait une devise : « Vivre libre ou mourir », émouvante pour les combattants espagnols à cause de la phrase célèbre de leur guerre civile[1].

---

1. *« ¡Más vale morir de pie que vivir de rodillas ! »* (Dolores Ibarruri). Note des auteurs.

Jeanne Garcia, épouse de Fernando Garcia, combattant espagnol de la section « Ebro » et son fils Georges Garcia

Témoignages recueillis lors de l'assemblée générale du 26 mars 2006

Jeanne García. Quand ils sont arrivés en 1939, ils ont souffert du traitement qui leur a été réservé. J'ai rencontré mon mari à ce moment-là, nous ne nous étions jamais fréquentés auparavant ; il venait chercher du travail et il est arrivé avec une compagnie d'Espagnols. Ils étaient affectés à des travaux généraux et travaillaient dans la forêt à faire du charbon de bois pour les voitures à gazogène. Ils étaient une quarantaine. Jusqu'au jour où les gendarmes sont venus les chercher et où ils ont été enfermés dans le parc de la Grande Jeanne au-dessus d'Annecy, là où il y a des daims et des biches. Dans la nuit, ils ont tenu conseil et ont déduit que les Allemands allaient les déporter. Ils ont décidé de s'enfuir dans la montagne, ont escaladé les grillages et se sont évadés. Ils sont revenus à la Louvatière au pied du plateau, sur Thorens Glières.

Ils sont arrivés à midi et, à midi un quart, il y avait déjà des gendarmes pour les rechercher. Ils étaient au nombre de quatre : Fernando, Miguel, José et Manuel ; ils se sont cachés chez nous dans le foin. Et les gendarmes ont fouillé, ils piquaient le foin là où ils étaient mais, par bonheur, ils n'ont rien trouvé. Les fuyards étaient armés de grenades, mais ils ne les ont pas lancées, en pensant à nous. Ils se sont dit : « Si nous les faisons exploser, les fermiers vont être tués en représailles. » Nous avons interdit aux Espagnols de tuer celui qui les avait dénoncés, c'était un grand copain de mes parents, alors nous leur avons demandé de ne pas faire ça et ils nous ont écoutés. À la suite de l'opération du plateau des Glières, nous en avons abrité cinq durant quinze jours.

Les populations au départ ne les considéraient pas d'un bon œil, au contraire ; ils s'en méfiaient et il a fallu qu'ils prouvent par leur comportement qu'ils étaient très respectueux de la vie des habitants.

Georges García. Je suis Georges, coiffeur au 2748 route de la Louvetière à Thorens, et Jeanne est ma mère. Tous les Espagnols sont restés. Nous sommes dans un village où la population a fait beaucoup pour le maquis. Je suis fier d'être fils d'un résistant espagnol. Ils sont allés au plateau et je sais que la Milice a tenté de prendre contact avec Morel puis avec Anjot pour proposer la vie sauve pour tous s'ils acceptaient de livrer les « rouges espagnols ». Ce fut un refus immédiat et catégorique : Morel refusa de livrer les maquisards espagnols à la Milice puis à son tour Anjot s'insurgea que le chef de la Milice ose formuler une telle demande. Il y eut l'assaut du plateau, où ces Espagnols furent très efficaces et indispensables pour la survie de beaucoup de maquisards.

À 200 m de la maison de mes grands-parents, il y avait la maison de la Milice. Mais cela n'empêchait pas les Espagnols de venir, en passant par les fenêtres arrière ; mes grands-parents leur donnaient de la nourriture. Ils ont échappé aux représailles. Une voisine fut arrêtée par la Milice pour complicité avec le maquis, ils avaient dressé un bûcher et voulaient la brûler comme Jeanne d'Arc. C'est mon grand-père qui est allé au-devant du chef de la Milice pour le sommer de libérer cette femme. À Thorens, ce sont les miliciens qui ont fait le plus de mal. La veille de la défaite des Glières, il y a un curé qui est monté avec un Allemand. Il a dit à Anjot : « Si vous nous donnez vos Espagnols, on arrête tout ! » Le capitaine a refusé. Il comptait sur eux. Les officiers du 27e BCA, montés au maquis, aimaient être entourés d'Espagnols pour leur sécurité. Le 27 mars, au repli du plateau, le lieutenant de Griffollet descendait avec deux Espagnols. Le lieutenant a été tué avec l'un d'eux, l'autre fut fait prisonnier et parqué avec plusieurs autres.

Les miliciens leur ont dit : « Vous êtes libres », ils étaient près du cimetière, puis leur ont tiré dans le dos et les ont tués.

Antonio Buesa Éna[1] Résistant espagnol de la section Bayard des Glières pour l'Hôtel de France à Entremont

Témoignage[2] recueilli par téléphone le 30 mai 2006

J'ai fait trois ans de guerre en Espagne, j'étais à la Sierra de Pandols (cote 705 du front de l'Ebre) et à la Sierra de Cavalls et cela m'a aguerri. Je suis de Huesca, ville occupée tout de suite pas les fascistes, j'en suis parti dès les premiers jours de la guerre.

En 1942, je suis arrivé dans l'Ain avec une compagnie de travailleurs étrangers. Puis j'ai fait partie d'un groupe d'une douzaine d'hommes amenés près d'Entremont pour couper du bois. Nous avons été rattachés à la 517e compagnie de travailleurs étrangers, en Haute-Savoie. Je travaillais à l'usine de M. Favre, une grande scierie et, comme j'étais très fort, ils m'envoyèrent travailler pour les Allemands. Toutes les

1. Antonia Buesa sera nommé chef de groupe à la 93/29-2 section, puis caporal le 15 avril 1944 et sergent le 1er août 1944.

2. Nous avons tenu à reproduire ici ce témoignage, tel que nous l'avons recueilli, même s'il suscite des commentaires ou oppositions par d'autres témoins estimant même qu'Antonio Buesa transforme la réalité de son rôle et de son importance à l'auberge. Tout autre commentaire de notre part serait superflu sinon que son parcours de résistant doit être porté à la connaissance du lecteur. (Les auteurs)

semaines, nous remplissions des wagons de boîtiers d'obus pour l'opération Todt. Je faisais du sabotage, je cassais les boîtes et quand elles parvenaient à destination, elles étaient brisées. À Entremont, nous étions six travailleurs pour la petite entreprise de travaux du coin, et le patron venait toujours me chercher pour charger les wagons. Nous étions à côté de La Roche. À cette époque, le patron se chargeait lui-même d'aller retirer nos rations. Pour ce faire, il nous demandait nos cartes d'alimentation pour aller retirer la ration avec le ticket de travailleur de force. À chaque wagon, je faisais trois ou quatre sabotages, je cassais les caisses alignées dans le wagon prêt à partir. Bien sûr, les Allemands s'en sont aperçus, ils ont vite compris que cela provenait du chargement. À la faveur de la venue de M. Favre avec nos cartes, les Allemands lui ont dit qu'il y avait un saboteur dans le groupe et qu'il devait le livrer. Il a fait le rapprochement puisque j'étais le seul à toujours être affecté à ce travail. Il m'a appelé et m'a dit d'aller chercher ma carte à la *Kommandantur*, ils avaient des choses à me communiquer. J'ai tout de suite compris et j'ai pris le chemin de la montagne. Si je n'étais pas parti, j'aurais été arrêté. En septembre 1943, je suis donc parti à la montagne, sans hésitation parce que je connaissais l'équipe de maquisards qui s'y trouvait déjà depuis peu, tous des Français, ils étaient quatorze, l'équipe de Julien Helfgott. Nous avions travaillé ensemble jusqu'à ce qu'ils montent au plateau, aussi nous nous connaissions bien.

Durant mon séjour à Entremont, j'avais travaillé à l'Hôtel de France, enfin j'y étais en pension durant tout mon séjour à l'usine. En échange du prix de ma pension, comme je n'avais pas d'argent, je leur donnais un coup de main pour tout. Nous étions amis avec les aubergistes, je rendais service aussi à des amis antifascistes qui passaient par chez eux pour rejoindre le maquis, jeunes du STO ou Juifs ou civils et soldats en quête de résistance. Je travaillais la journée à l'usine des obus et je logeais et mangeais là-bas.

Quand je suis parti d'Entremont pour le plateau, j'étais le seul Espagnol dans la section « Bayard ». Les autres étaient dans les sections « Ebro » et « renfort de Ebro ». Il y avait cinquante-six Espagnols dans le premier contingent du plateau sur quatre-vingt-dix hommes. En réalité, il y en avait cinquante-sept car moi j'étais compté parmi les Français. Quand nous sommes passés au plateau, apprenant la présence d'un groupe important de mes compatriotes, Julien s'est fait porte-parole du groupe: «Tu restes avec nous? Nous sommes amis et en plus tu pourras nous conseiller vu que nous n'avons aucune expérience de la guerre, alors que toi, tu es bien plus aguerri. Tu seras notre directeur.»

J'avais fait la bataille de l'Ebre et j'étais très exercé à la guérilla en montagne, je savais ce qu'était la guerre et cela leur donnait confiance; ils se sentaient rassurés par ma présence. Je suis resté avec ces merveilleux compagnons.

Comme j'étais au maquis, j'ai suivi mon groupe jusqu'au plateau et, quand Morel a déclenché l'attaque de l'hôtel d'Entremont, il savait par le lieutenant Bastian, chargé du ravitaillement du plateau, que le commandant des GMR, Lefèvre, logeait dans la chambre 4.

Tom m'a donné l'ordre de contourner le terrain et de passer par-derrière l'hôtel, puisque je connaissais bien les lieux, et de faire prisonnier le commandant des GMR, ce que j'ai fait. Je suis passé par la porte de derrière et suis parvenu jusqu'à sa chambre, mais l'oiseau s'était déjà envolé. En fait, dans la nuit silencieuse, les chiens avaient furieusement aboyé au passage des maquisards, et cela avait éveillé les soupçons du commandant; il était descendu dans la salle où, selon ce que raconta Mme Levet (la femme de l'aubergiste), il joua, très énervé et anxieux, avec un petit pistolet de poche qu'il exhibait sans cesse. Voilà pourquoi je ne l'ai pas trouvé et pourquoi je ne suis pas mort ce jour-là à la place de Tom Morel, abattu par ce petit pistolet caché dans sa botte. Car je l'aurais sûrement désarmé et pas tué, comme l'a fait Tom, mais le petit revolver était caché et c'est avec qu'il a tiré mortellement sur Tom Morel.

Je me suis doucement posté au coin de l'escalier tandis que le reste de mon groupe entrait par-devant. Cela donna l'alarme dans l'hôtel, les GMR sortant de leur chambre pour se précipiter en bas, et de la manière dont j'étais posté, bien calé dans l'angle du mur, j'ai pu à moi tout seul faire prisonniers et désarmer tous les gendarmes au fur et à mesure qu'ils se présentaient, en leur pointant le canon de ma mitraillette sur la poitrine. J'ai ainsi constitué un grand tas de mitraillettes que nous avons récupérées ensuite. Tandis que Tom et les autres neutralisaient les GMR qui étaient dans la salle en bas, j'étais resté à l'étage, je me suis emparé du fusil-mitrailleur d'un GMR, mais j'ai dû faire une fausse manœuvre, les coups sont partis tout seul, cassant des carreaux de faïence au mur. Je fus blessé à deux endroits, le visage près de la bouche et à l'oreille. Quand les maquisards firent irruption, ils regroupèrent tout le monde. L'opération, à l'intérieur de l'hôtel, avait été rondement menée et le groupe de quatre-vingts GMR était arrêté, leur chef compris, sans effusion de sang (à part le mien sottement), nous étions plutôt satisfaits.

Puis il y eut une altercation entre Tom et le commandant des GMR, ils en sont venus aux mains, alors Tom lui a ordonné de se mettre contre le mur. À ce moment-là, le chef gendarme s'est baissé, a récupéré l'arme et, le touchant presque, a tiré sur Tom Morel, le tuant, ainsi qu'un autre maquisard à ses côtés. Quand il a tiré sur Tom, il s'en est suivi une fusillade désordonnée.

Celui que nous appelions Chocolat a d'instinct ouvert le feu avec sa mitraillette et a partagé le commandant GMR en deux.

Ce qui me met en colère, c'est que l'on parle toujours de la mort, regrettable et tragique de Tom, mais nous avons oublié jusqu'au nom de celui qui gisait à ses côtés. Ce n'est pas bien, ils sont morts pour la liberté tous les deux.

Tom disait toujours : « Il ne faut pas attendre que les Allemands nous attaquent, il faut décrocher avant qu'ils n'arrivent. Autrement nous serons tous tués ». Les responsables militaires savaient que l'opération du plateau allait tuer beaucoup de monde, tous peut-être, car avant l'attaque, à la section « Bayard », ils ont laissé monter le curé du Petit-Bornand. Il a confessé tout le monde. Quand mon tour est arrivé, je lui ai dit : « Merci, mais, pour mourir, je n'ai pas besoin de confession». Il m'a touché la main et m'a dit: «Que vous ayez la bonne chance!» Il savait ce qui allait se passer et connaissait la concentration des forces allemandes dans la région. Il aurait fallu descendre deux jours avant. Tout ça parce que les maquisards voulaient récupérer les armes ou prouver aux forces anglaises qu'ils menaient des engagements sérieux, mais ils n'ont rien eu, le chalet avec les armes et les munitions a été bombardé et tout a brûlé.

Je suis resté avec la section «Bayard» tout le temps sur le plateau et nous en sommes partis tous en même temps. Nous étions un groupe de sept à nous retirer du plateau quand Anjot en a donné l'ordre; il y avait Bobayot Georges et un que l'on appelait Coco. Nous avons tourné une semaine entière, nous sommes partis le dimanche à minuit du plateau et nous sommes rentrés le dimanche suivant à minuit à Entremont. Nous avons fait le tour du plateau dans la montagne, avec des Allemands partout, parfois ils étaient à 20 m de nous. Une fois, Coco a entendu un camion, il était trois heures de l'après-midi, il est monté à un arbre pour regarder avec ses jumelles et là il s'est fait tirer dessus, les Allemands étaient tout près. Un autre jour, nous étions cachés au Petit-Bornand après un orage terrible, nous ne pouvions passer la rivière, qui charriait des torrents d'eau. Coco était caché dans la forêt, il y avait une maisonnette avec de la fumée, à côté d'une passerelle pour traverser, nous voulions savoir si nous pouvions passer. Coco s'est approché et a vu des Allemands près de la porte, à peine a-t-il fait demi tour que les balles ont sifflé au-dessus de sa tête. Il s'est vite caché.

Nous sommes sortis à sept de ce piège du plateau, je les ai guidés grâce à l'expérience que j'avais, ils étaient heureux de pouvoir me faire confiance. Dans notre groupe, il y avait quatre types de Thonon, les deux frères Larouille sont venus avec moi, ils sont sortis vivants, les deux autres se sont débrouillés par leurs propres moyens, avec leur connaissance du terrain, mais ils ont hélas été tués.

Pour les armes, nous n'avons eu que celles du parachutage du mois d'août.

À ce moment-là, j'étais en bas entre Petit-Bornand et La Roche, avec mon équipe de Français prêts à faire sauter des rochers pour barrer la route à d'éventuelles troupes ennemies au cas où elles auraient voulu monter récupérer ou détruire les armes parachutées. Les maquisards ne sont pas montés là-haut pour récupérer les armes, ce sont les civils qui sont allés avec des charretons pour le transport, les résistants avaient pour mission de surveiller les accès pour empêcher les Allemands d'y aller.

Il y avait des maquisards d'autres formations, mais nous sommes restés en bas cette fois-là. Nous protégions l'évacuation des munitions.

Entre l'épisode du plateau des Glières et la libération d'Annecy, je suis resté avec l'armée, à peine à un kilomètre d'Annecy, nous étions trop peu nombreux pour surveiller la route et les mouvements de troupes mais, chaque fois que notre nombre le permettait, nous empêchions le passage des Allemands.

Nous avons ensuite continué dans le maquis. Nous avions récupéré un Anglais parachuté qui nous servait d'instructeur et nous apprenait à tuer rapidement et sans bavure, par des exercices que nous répétions tous les matins en guise de petit-déjeuner.

Nous sommes partis du côté du Petit-Bornand, nous dépendions du maquis de Bonneville et je réussis à passer tout seul le pont, tenu par les Allemands qui occupaient une position haute juste au-dessus de nous, empêchant tout passage, à Bonneville. J'ai réussi à le traverser et à aller déloger les ennemis, mais ils m'ont tiré dessus copieusement. Puis je suis allé au maquis d'Annemasse. Nous y avons passé deux ou trois mois puis il s'est formé une compagnie de volontaires espagnols, la plupart des rescapés des Glières, pour continuer le combat en Espagne. Notre progression fut arrêtée à Toulouse où j'ai participé à la libération de la ville en 1945.

À la fin de la guerre, j'étais mobilisé dans l'armée et je faisais partie du bataillon de sécurité de Toulouse, où j'ai été démobilisé.

Je n'ai pas combattu directement avec le commandant Vera, mais je l'ai bien connu.

Je rends hommage à la population de Haute-Savoie, car ils se sont conduits avec beaucoup de courage et de solidarité.

28. Au cimetière de Morette, Mme Alliot-Marie, ministre de la Défense, serre la main d'Antonio Buesa qui est accompagné du colonel Jourdan en 2004.

(Source : photo envoyée par Antonio Buesa.)

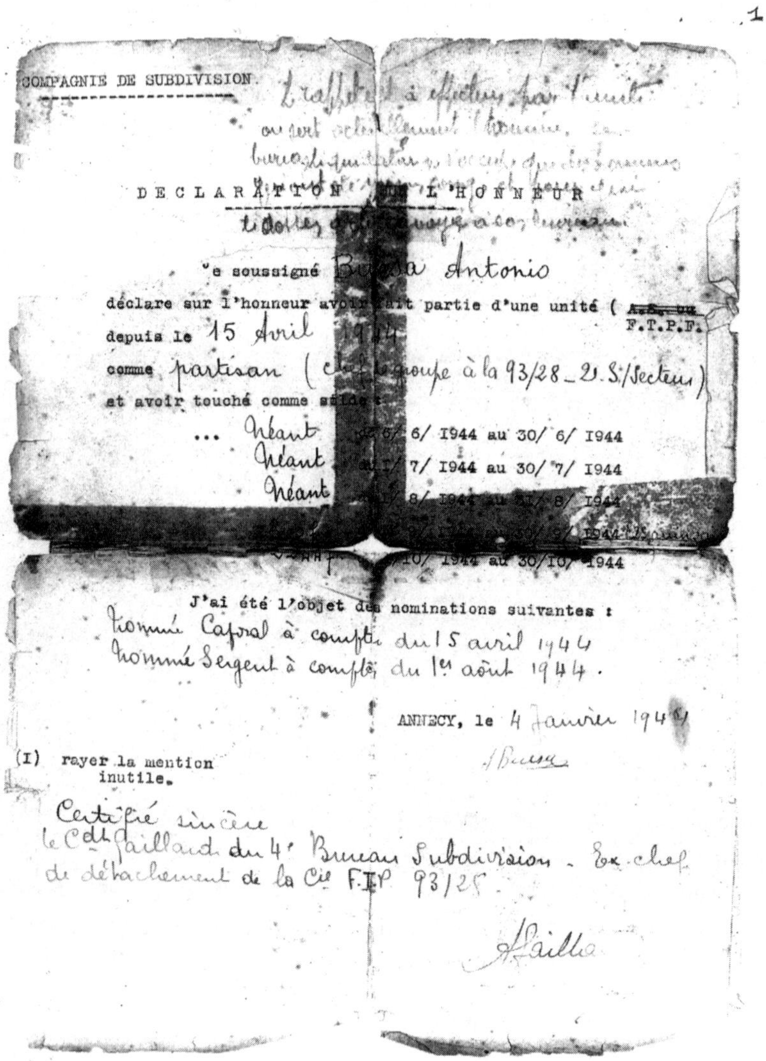

COMPAGNIE DE SUBDIVISION

DECLARATION SUR L'HONNEUR

Je soussigné Bussa Antonio

déclare sur l'honneur avoir fait partie d'une unité (F.T.P.F.

depuis le 15 Avril 1944

comme partisan (chef de groupe à la 93/28 _ 2e S/Secteur)

et avoir touché comme solde :

... Néant du 6/ 6/ 1944 au 30/ 6/ 1944

Néant du 1/ 7/ 1944 au 30/ 7/ 1944

Néant du 1/ 8/ 1944 au 31/ 8/ 1944

... du 1/ 9/ 1944 au 30/ 9/ 1944

... du 1/10/ 1944 au 30/10/ 1944

J'ai été l'objet des nominations suivantes :

nommé Caporal à compter du 15 avril 1944

nommé Sergent à compter du 1er août 1944.

ANNECY, le 4 Janvier 1945

(I) rayer la mention inutile.

Certifié sincère

le Cdt Gaillard du 4e Bureau Subdivision - Ex-chef de détachement de la Cie F.T.P. 93/28.

28 bis. Déclaration sur l'honneur certifiée par le commandant Gaillard.

ÉTAT MAJOR DE L'ARMÉE DE TERRE

BUREAU CENTRAL D'ARCHIVES ADMINISTRATIVES MILITAIRES

64023 - PAU Cédex

RÉF. Demande
en date du : 18.10.1977

2

EXTRAIT DES SERVICES

délivré à :

Monsieur BUESA Antoine
10 rue Hérold

11000 NARBONNE

Le Colonel MARCHAL [illegible]
Commandant le B.C.A.A.M., certifie que des dossiers, pièces ou documentation en sa possession, il a été extrait ce qui suit, concernant

NOM : B U E S A

Prénoms : Antoine

Né le 27.[illegible]5.1920 à LI[illegible] (Espagne)

~~inscrit au registre matricule du Bureau de recrutement~~ de

~~sous le n°~~ , ~~classe~~

~~Entré au service à compter du~~

~~comme~~

A servi dans les Forces Françaises de l'Intérieur au titre des F.T.P.F.

3° Bataillon Espagnol (Hte-Savoie) du . . . . II.0[illegible].1943 au 3I.07

puis au 1er Bataillon de Guérilleros Espagnols (Aude) du 0I.08

au . . 2I.08

(certificat n° [illegible]CI/FI.N. du 2[illegible].I0.I948 du Général Commandant la 5° Région Militaire à T[illegible]).

POUR EXTRAIT :
établi avec les seuls renseignements en ma possession.
P.O. Le Lieutenant LITERSKI Adjoint au Chef de la Section D.O.S.N.

Mod: 2005

Maurice Levet, fils de M. et Mme Levet, hôteliers à l'Hôtel de France à Entremont
Témoignage recueilli par téléphone le 30 mai 2006

Je suis un des fils des hôteliers de l'Hôtel de France à Entremont, hôtel célèbre car il fut requis et occupé par les GMR et c'est là que Tom Morel trouva la mort lors de son attaque contre ce détachement de gendarmes. Mes parents étaient des antifascistes qui ont toujours aidé les maquisards et les Espagnols qui passaient par chez eux. D'ailleurs, mon père a fini par être arrêté et déporté, il n'est pas revenu de déportation. Je cherche depuis à le ramener symboliquement chez lui sur sa terre, par un petit fragment de lui, dans ce sol savoyard qu'il a tant aimé, en plantant dans son jardin un arbre poussé des cendres des fours crématoires, là-bas en Allemagne.

Je n'étais pas à Entremont quand il y eut l'attaque de notre hôtel.

Les autorités vichyssoises de la région avaient logé là les GMR, puis la Milice est venue leur prêter main-forte puisqu'ils avaient pour mission de réduire le maquis du plateau. Mais, comme cela n'était pas suffisant, les troupes allemandes s'en sont mêlées et ont fait converger vers notre région une division de chasseurs alpins de plus de dix mille hommes, la 157e division.

Lors de l'attaque du maquis contre l'hôtel, c'est Tom Morel en personne qui est venu avec ses hommes pour parlementer avec le commandant des GMR, Lefèvre ; il voulait passer une convention pour libérer le médecin du plateau fait prisonnier par eux. Il avait été convenu de le libérer en échange d'autres prisonniers, mais les GMR n'avaient pas tenu parole. Les deux officiers se connaissaient pour avoir suivi l'école militaire ensemble[1]. L'un avait rejoint de Gaulle tandis que l'autre était avec Pétain. Mais les termes de l'accord ne furent pas respectés et, les GMR barrant la route au ravitaillement du plateau, il fallait trouver une solution. Morel voulait faire sauter ce verrou qui les empoisonnait.

L'attaque eut lieu, durant laquelle les GMR présents furent arrêtés, mais Lefèvre sortit un petit pistolet qu'il avait caché dans sa botte et tua Tom Morel à bout portant.

C'est ma mère qui m'a raconté ces souvenirs. Elle avait eu très peur ce jour-là.

Il y avait Antonio Buesa dans l'opération. Il était venu en France en 1939, au moment où Franco a gagné la guerre. Les Espagnols ont été parqués d'abord dans le sud de la France puis ils ont été envoyés dans nos régions pour fabriquer du charbon de bois. Ils nous sont devenus familiers. Antoine est resté chez moi assez longtemps, près de deux ans. Il travaillait à la scierie de Favre, il faisait des boîtes d'obus pour l'opération Todt. Il fabriquait des caisses vides qu'il descendait par camion jusqu'à la gare de Saint-Pierre-de-Rumilly. Antoine chargeait les wagons (chaque entreprise avait ses wagons à remplir, avec un numéro de repérage) et, volontairement, il les laissait tomber pour les casser ; quand la marchandise arrivait à destination, les caisses étaient cassées. Les Allemands ont vite noté la provenance des caisses cassées. Ils ont dit : « Il y a un saboteur dans votre secteur. »

À la *Kommandantur*, Antoine avait une carte d'alimentation de travailleur de force, c'était M. Favre qui la conservait pour aller chercher le ravitaillement qui lui revenait. Un jour, Antoine a eu besoin de cette carte, et M. Favre, qui était

1. Sur ce point précis, M. Levet se trompe : Tom Morel était beaucoup plus jeune que le commandant Lefèvre.

adjoint au maire, lui a répondu : « Si tu veux ta carte, tu iras la chercher à Annecy. »

Il a dit cela avec l'air de dire « Tu vas comprendre ta douleur ». Antoine a rétorqué : « Non, non, je n'irai pas à Annecy, vous viendrez me chercher là-haut ! » Et il désigna le plateau. C'est comme cela qu'il est parti au maquis. Le soir même, Favre, apeuré, a rapporté sa carte, sachant qu'Antoine était déjà au maquis. Moi, j'étais en pension et, lorsque j'ai voulu rentrer chez moi pour les vacances de Pâques, je n'ai pas pu passer, tout le périmètre était bouclé et les Allemands étaient installés dans l'hôtel. Mon cousin, qui avait une entreprise d'autocars, m'a dit : « Non, tu ne peux pas y aller. » Et il a réussi à me faire établir un laissez-passer, et à me faire monter dans un camion qui transportait des troupes ennemies pour que je puisse rejoindre mes parents. Je n'en menais pas large, apeuré à l'idée d'être pris pour un Allemand. Arrivé au Petit-Bornand, ils m'ont lâché, j'ai emprunté un vélo pour aller jusque chez moi. J'ai été contrôlé plusieurs fois sur le chemin et, quand j'ai voulu rentrer dans l'hôtel de mes parents, je n'ai pas pu. De l'intérieur, ma mère me voyait et elle a appelé un officier pour qu'il me laisse rentrer. Deux ou trois jours après, il y avait en face de l'hôtel une maison que mon père avait transformée en une petite dépendance douillette de l'hôtel, elle avait été investie par la Gestapo. Ils interrogeaient tous les gens qui pouvaient être suspects, dont mon père.

J'ai vu mon père sortir de cette maison et, le soir même, il n'y avait pas de lumière. C'était un samedi, dans ces cas de coupure, il devait aller au village voisin en vélo avertir que la lumière était coupée afin que les services nous la remettent pour les occupants.

Ma mère tout-à-coup a dit : « Mais où est papa ? » J'ai répondu : « Il est parti dans la traction avec la Gestapo. » Il a dû aller pour la lumière, pensa-t-elle. Mais pas du tout : ils l'avaient arrêté et déporté, nous étions le 1er avril 1944. Il était à Dora-Heinrich, il n'est jamais revenu...

Le lendemain de l'attaque de l'hôtel, il y eut le fameux parachutage du mois de mars. Les maquisards avaient reçu l'ordre de récupérer les armes, il y avait quatre cent cinquante hommes environ là-haut mais la neige et l'état d'urgence de la région les empêchèrent de les descendre. Les Allemands, au cours de leur attaque, les ont détruites et en ont récupéré quelques-unes, entreposées à Entremont dans une grande salle qui servait de salle de jeux et de bal aux montagnards.

Cet Antoine, qui travaillait à la scierie, mangeait et logeait à l'hôtel et, comme il ne payait pas, il donnait un coup de main à mes parents pour les travaux, le bois, etc.

Tom lui avait demandé d'aller en éclaireur à l'hôtel et d'enfoncer la porte de derrière pour aller jusqu'à la chambre du commandant Lefèvre. Il avait ordre de l'arrêter. Il occupait la chambre 4 au fond du couloir. Mais, comme une sentinelle avait tiré un coup de feu car les chiens avaient aboyé et donné l'alerte, Lefèvre était descendu à la salle à manger et Antoine ne l'a pas trouvé. Cela aurait changé le cours de l'histoire, peut-être.

Il a trouvé les autres GMR, il les a arrêtés à lui tout seul avec sa mitraillette. Il était armé d'une Sten, ces mitraillettes anglaises qui partaient rapidement, il a voulu entrer dans les chambres à l'étage, et la mitraillette est partie toute seule, les balles se sont nichées dans la faïence du mur et il en a reçu un éclat.

Une chose importante que maman m'a répétée des centaines de fois, puisqu'elle était sur place. La veille au soir, dans la salle à manger (mes parents avaient un coin de cuisine pour préparer leurs repas, les GMR avaient tout le reste), Lefèvre était saoul, il a dit à mon père : « Monsieur, je vous offre le tafia. » Mon père n'a pas refusé, surtout dans les temps qu'il traversait, cela aurait risqué d'être mal vu. Le commandant des GMR exhibait un petit pistolet à crosse de nacre blanche, il le faisait tourner sur son doigt à la manière des cow-boys en s'exclamant à tout moment « ça, c'est mon petit bijou », ce qui effrayait un peu ma mère. Le lendemain, après l'attaque des résistants, il s'est présenté aux pourparlers mais, en arrivant sur le haut des marches, alors que Morel s'adressait à lui en tant qu'officier français, il a sorti cette arme et a tiré. Ma mère a toujours été formelle là-dessus.

Antoine était le seul Espagnol de la section « Bayard ». Les autres étaient dans la section « Ebro » avec le commandant Miguel Vera. Antoine, avec les autres Espagnols, avait fabriqué des armes en bois, et il expliquait à ces petits jeunes qui arrivaient de Paris, des étudiants ou de simples mitrons fuyant le STO, comment désarmer un gars avec les mains en l'air. Il leur donnait des conseils pour pouvoir s'en tirer même sans armes et, surtout, pour récupérer des armes.

Nous étions très liés avec Antoine et nous le sommes restés encore aujourd'hui[1].

---

1. Il faut noter que les passages correspondant à l'attaque de l'Hôtel de France sont également à lire avec la même précaution que pour le témoignage de M. Antonio Buesa.

ANNEXE IV

1. Courts extraits du discours d'André Malraux du 2 septembre 1973 pour l'inauguration du monument du plateau au cours duquel est rendu hommage aux Espagnols engagés aux Glières.

2. Monuments érigés à la mémoire des « Espagnols morts pour la liberté sur le sol de France ».

André Malraux
Hommage aux combattants des Glières

Si, dans son discours pour le 50e anniversaire des combats du plateau des Glières, Maurice Schumann[1] ne cite pas une seule fois le mot « espagnol », André Malraux y fait largement allusion et déclare par ses paroles la reconnaissance de la nation française à ces combattants de la liberté.

Dans son discours d'inauguration du monument sur le plateau des Glières le 2 septembre 1973, André Malraux leur ouvre les portes de l'histoire, par l'entrée des héros :

(...) Nouvelle attaque des gardes de nouveau repoussée. *Dépêches allemandes* : le 24, attaque de la Milice au-dessus d'Entremont. Sentinelles espagnoles tuées le 24 mars. (...) « La petite aube dissipe les spectres » dit le proverbe espagnol, qu'un des miliciens de l'Ebre cite au capitaine Anjot. (...) Le lendemain, le capitaine Anjot et les six Espagnols qui combattent avec lui sont tués (...) Les Espagnols tombés ici en se souvenant des champs de l'Ebre et du jour où la Révolution vida les monts-de-piété de tout ce que les pauvres y avaient engagé. (...) Et quand vous étiez espagnols, nous vous appelions l'Ebre, du nom de votre dernière bataille (...).

---

1. Il rejoint le général de Gaulle à Londres et devient porte-parole de la France libre à la BBC. À la Libération, il entame une carrière politique et contribue à la formation du MRP. Il occupera plusieurs fois la charge de ministre sous les présidences de Gaulle et Pompidou.

Monument aux Espagnols
morts pour la liberté

Dans l'année 1950 est née l'idée d'un monument aux Espagnols. La mairie d'Annecy donna son accord et initia une commission de réalisation.

Miguel Vera et les membres de la commission du monument (composée d'anciens résistants), décidèrent de lancer une souscription auprès des anciens résistants, de leurs associations et des mairies et institutions du département ainsi qu'auprès de nombreux élus de la région.

Cette souscription reçut un très bon accueil et les choses s'enclenchèrent pour la réalisation du monument, dont l'exécution fut confiée au sculpteur espagnol Lobo. Il fut inauguré le 17 août 1952 en présence de M. Almeras, représentant le préfet en congé, M. Volland, maire d'Annecy, les membres du Conseil municipal, le général Herrera, ministre de la Défense du gouvernement républicain espagnol en exil, le capitaine Coudray, du 27e BCA, les représentants des divers mouvements de Résistance, dont MM. Fivel, Gaillot, l'abbé Greffier, secrétaire de l'évêque d'Annecy, Saulnier, du MLN, les fanions des associations de Résistance, etc. Les gerbes furent déposées par MM. Dandé, Volland, Herrera, Mmes Astier et Barucand.

M. Metral, ancien résistant et président des rescapés des Glières, prononça un discours suivi par le général Herrera et M. Volland qui rappela que la mairie d'Annecy en sa personne mais surtout en celle de son ancien maire, M. Lyard, était à l'initiative de ce monument qui les honorait. (Voir pièce jointe : photocopie du discours en espagnol et en français, photo du monument.)

Les fonds pour la réalisation rentraient grâce aux donateurs quand, un jour, Miguel Vera fut contacté par M. José Calvino, entrepreneur de transports routiers.

Miguel Vera avait en 1942 aidé ce dernier à passer en zone libre pour rejoindre la Suisse. En souvenir de cette aide précieuse, il lui proposait de prendre à sa charge le monument et les frais annexes. Il régla le sculpteur à Paris et se mit en rapport avec l'ingénieur de la voirie de la mairie d'Annecy, M. Gervais, pour les problèmes matériels. Il paya même le photographe, le jour de l'inauguration.

Paris 11 Juillet 1952.

Monsieur l'Ingénieur-Chef de la Voirie
Mairie d'
Annecy, Haute Savoie.

Cher Monsieur,

En premier lieu je dois m'excuser de ne pas vous adresser cette lettre à titre personnel mais j'ai oublié de noter votre nom.

Je vous remercie beaucoup du cordial accueil que vous m'avez réservé lors de mon récent passage à Annecy ainsi que de vos aimables dispositions envers notre oeuvre.

Par ce même courrier, je vous adresse un morceau de la pierre du monument. Il s'agit d'une pierre d'Alsace qui n'est pas gélive et qui est très couramment employée dans les monuments élevés en France et à Paris.

Je vous confirme notre entretien téléphonique de ce jour au cours duquel j'ai noté que le bloc pour le piédestal a été déjà acheté et je vous demanderai de m' indiquer quand et comment je dois en effectuer le règlement.

J'ai noté que ce bloc était gris couleur qui s' harmonisera très bien avec la pierre du monument.

Je vous confirme que le sculpteur, Monsieur Lobo, préfère que le piédestal soit placé à peu près au niveau de la place sans l'étanche dont je vous avais parlé.

Veuillez agréer, cher Monsieur, l'expression de mes sentiments bien sincères.

José CALVINO OZORES
61 av. Franklin D. Roosevelt
Paris 8e.

Vous trouverez sous ce pli le plan sur lequel Monsieur Lobo a indiqué la position du monument. D'après le scumpteur,

29. Photocopie de la lettre du 11 juillet 1952 de José Calvino Ozores à l'ingénieur de la voirie d'Annecy.
(Source : Collection Miguel Vera.)

VILLE D'ANNECY

DIRECTION
DES SERVICES TECHNIQUES

Tél. | Mairie : 16-09
Ingénieur : 16-58

Mr Vollaud.

HOTEL DE VILLE
(REZ-DE-CHAUSSÉE)

GG/SJ

Annecy, le 30 Juillet 1952

Monsieur José CALVINO OZORES
5I, Av.Franklin D.Roosevelt
P A R I S (8°)

Monsieur,

J'ai bien reçu votre lettre du 28 juillet 1952 et le chèque de 85.000 Frs inclus dans cette lettre ~~et~~, que j'ai endossé au nom de l'entrepreneur chargé de la pose du piédestal du monument aux Combattants Espagnols.

J'ai pris bonne note des indications données et notamment que le sculpteur se réserve de graver lui-même les inscriptions sur le piedestal.

J'en ai avisé l'entrepreneur en le priant de façonner les surfaces de manière à faciliter ce travail et il m'a assuré que Monsieur LOBO pourrait faire ses inscriptions à partir du 8 août prochain.

Veuillez agréer, Monsieur, mes salutations distinguées.

l'Ingénieur,

30. Photocopie de la réponse du 30 juillet 1952.
(Source : Collection Miguel Vera.)

VILLE D'ANNECY

DIRECTION
DES SERVICES TECHNIQUES
VOIRIE - BATIMENTS

Tél. standard : 16-09
Tél. personnel : 16-58

Hôtel-de-Ville - Annecy

Annecy, le **2 Septembre 1952**

Monsieur José CALVINO OZORES
5I, Av. Franklin
d. Roosevelts
PARIS (8°)

GG/SJ

Monsieur,

Ci-joint j'ai l'honneur de vous remettre la facture complémentaire des travaux exécutés pour le Monument aux Espagnols Morts pour la liberté.

Veuillez agréer, Monsieur, l'assurance de ma considération distinguée.

l'Ingénieur,

G. GERVAIS

31. Photocopie de la lettre de l'ingénieur à José Calvino Ozores du 2 septembre 1952.
(Source : Collection Miguel Vera.)

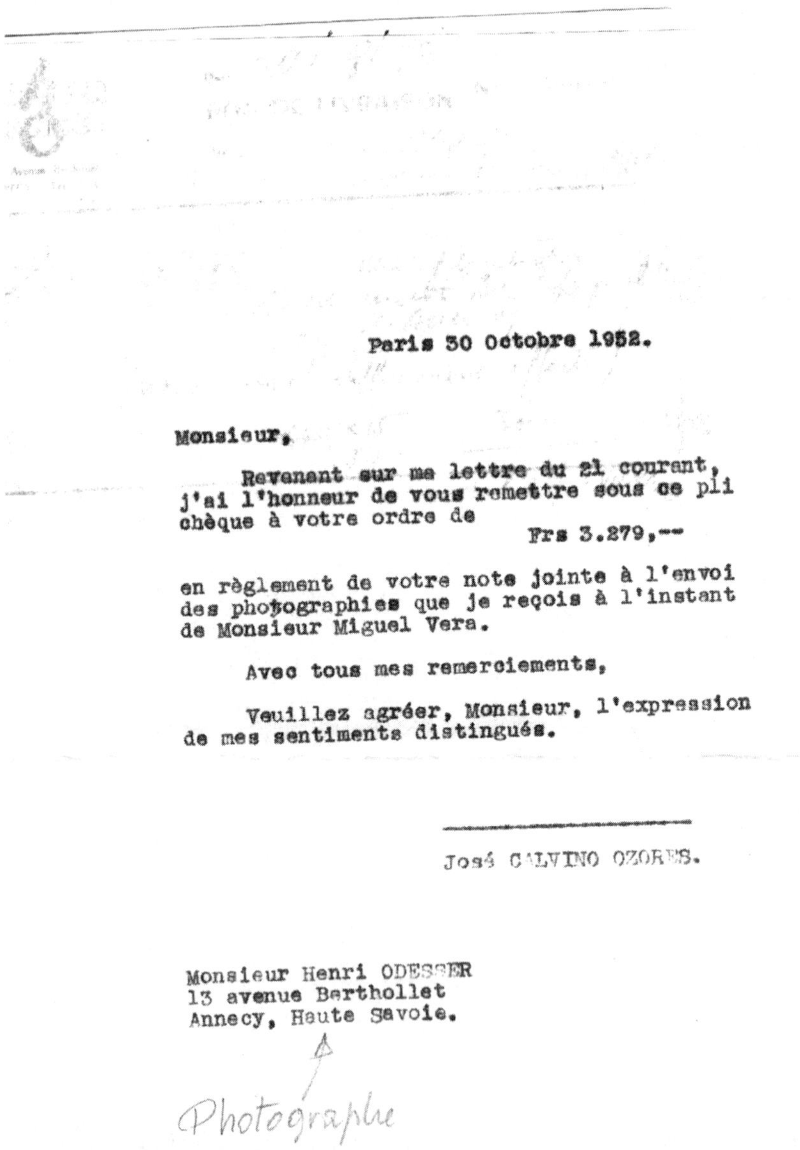

Paris 30 Octobre 1952.

Monsieur,

Revenant sur ma lettre du 21 courant, j'ai l'honneur de vous remettre sous ce pli chèque à votre ordre de

Frs 3.279,--

en règlement de votre note jointe à l'envoi des photographies que je reçois à l'instant de Monsieur Miguel Vera.

Avec tous mes remerciements,

Veuillez agréer, Monsieur, l'expression de mes sentiments distingués.

José CALVINO OZORES.

Monsieur Henri ODESSER
13 avenue Berthollet
Annecy, Haute Savoie.

Photographe

32. Photocopie de la réponse le 30 octobre 1952.
(Source : Collection Miguel Vera.)

Dircurso pronunciado por el general Herrera en Annecy el 17 de agosto, con motivo de la inauguracion del monumento dedicado a la memoria de los españoles muertos por la Libertad en las filas de la Resistencia francesa.

Señor Prefecto,
Señor Alcalde,
Señores presidentes de las organizaciones de Resistencia
Señoras y Señores.

En nombre del Gobierno republicano español,
En nombre de los resistentes españoles que han combatido a vuestr lado sobre esta tierra de Francia,
En nombre de los exilados y del pueblo español,

cumplo el deber de daros las gracias por haber testimoniado con este monumento vuestro reconocimiento, y el reconocimiento de Francia, a los españoles muertos por vuestra libertad.

Acabais de recordar, Señor representante de la Resistencia francesa, los títulos de gloria merecidos por mis valerosos compatriotas. Han demostrado con toda su alma, con su sangre, y por todos los españoles que vuestro pais ha acogido, el agradecimiento que todos debemos a Francia, a esta Francia cuyo nombre es inseparable de libertad.

Pensamos que al morir por Francia han muerto tambien por nuestra patria, porque cuando se combate por la libertad, donde quiera que sea, se combate tambien por la propia Patria.

Este monumento mostrara a las generaciones futuras que el pueblo español, aûn esclavizado, ha sabido dar lo mejor de él mismo en la lucha por la libertad contra la tirania hitleriana. Recordara que nuestros dos pueblos han derramado conjuntamente su sangre una vez màs en el combate por un ideal, ideal al cual tantos de vuestros escritores, tantos de vuestros soldados han servido, y que Cervantès, escritor y soldado tambien, recuerda en la frase grabada sobre este granito: " Por la libertad asi como por el honor se puede y se debe aventurar la vida. combatiente por la libertad

Os damos gracias, Señor Prefecto, Señor Alcalde y, en vuestra persona, a toda la poblacion de Annecy, por haber aceptado la custodia de este monumento. Nuestro pensamiento va en este momento a los jefes gloriosos de la Resistencia bajo cuyas ordenes han combatido nuestros camaradas, y a vuestro llorado predecesor, Señor Albert Lyard, que fué uno de los iniciadores de la creacion de este monumento, y enfin a todos aquellos que por su accion, por su trabajo, por su simpatia, en un acto unánime de fé y entusiasmo, han contribuido a la ereccion de este monumento.

Sirva esta obra de lazo tangible e imperecedero de la union de nuestros dos pueblos. Es el ardiente anhelo que los españoles, formulamos de todo corazon.

Viva Francia ! Viva España !

33. Discours du général Herrera le 17 octobre 1952.
(Source : Collection Miguel Vera.)

34. Sculpture-ébauche du monument, photo de l'œuvre dans l'atelier du sculpteur.
(Source : Collection Miguel Vera.)

ANNEXE VI

Récit de l'arrivée en France de Miguel Vera, fils du commandant FFI des maquis espagnols de Haute-Savoie Miguel Vera.

Nous avons voulu conclure par ce texte du fils Miguel Vera Navas car, dans ce témoignage, il y a une vérité, une pertinence à prendre en compte pour notre situation actuelle et sur notre attitude à l'égard de l'étranger. Il est aussi, par sa situation de témoin actif et de jeune enfant arrivant après la Libération sur le sol français, un passage obligé pour essayer de comprendre, malgré les solides liens que son père entretint avec ses camarades de combat, pourquoi ce silence sur l'histoire des républicains espagnols aux Glières. Nous apercevons aussi comme a pu se réaliser une intégration (terme que nous ne partageons pas à titre strictement personnel, lui préférant celui d'assimilation) de ces combattants due à l'accueil de certaines familles, et l'exemple de l'enfant Vera est riche de cet enseignement à reproduire sinon par fraternité mais par reconnaissance de notre nation.

Aujourd'hui, le terme intégration est toujours en débat, et récurrent, l'expérience de cette population espagnole résistant, combattant sur un sol étranger pour en chasser l'occupant et exilée par la dictature de Franco ouvre une réflexion sinon un début de réponse à ce qui va devenir au cours des années un vrai problème sociétal. Ici, la mémoire aussi a sa part incontournable d'utilité publique.

Quand il s'agira pour Miguel Vera[1] *de faire venir sa femme et ses enfants, ils seront hébergés à l'Auberge du Lyonnais. Ce texte n'a d'autre prétention ou autre considération que de porter à nos consciences le sens du civisme et citoyen pour tout homme libre.*

Voici le récit inédit de ce fils publié pour la première fois. Que cette mémoire nous soit pédagogie. (Les auteurs)

Notre arrivée en France[2]

Ma mère, mon plus jeune frère et moi sommes arrivés en France (Annecy, pour nous, c'était la France) au début novembre 1948. J'avais 11 ans, mon frère 9. Mon père était venu nous chercher à la frontière. C'est à travers les vitres du train que nous découvrîmes les premières montagnes enneigées savoyardes. À cette époque, la pénurie de logements était endémique. Mon père avait bien trouvé quelque chose pour nous loger, mais, au dernier moment, le propriétaire n'a pas tenu sa parole et lui a fait faux bon. De ce fait, nous nous sommes rendus directement de la gare d'Annecy à l'Auberge du Lyonnais où, pour mon père, c'était un peu chez lui. Nous fûmes accueillis par Jean-Marie et Flora Saulnier avec une familiarité, une gentillesse telles que je n'arrive pas à trouver les mots pour les décrire. Quoi que je puisse dire, c'était mieux que ça. Dans l'après-midi, la neige continua de tomber à gros flocons. Pour mon frère et moi, c'était un spectacle magnifique, que nous voyions pour la première fois. Sans écouter les conseils des grands, nous ne pûmes nous empêcher de sortir et de jouer à attraper les gros flocons qui nous faisaient courir dans tous les sens. Et ma mère souffrait de nous voir jouer ainsi car nous étions transis de froid. Nous arrivions d'Andalousie et nous portions pour tout vêtement une culotte courte d'un tissu très léger et une chemisette.

---

1. Il partira lui-même, déguisé, les chercher à la frontière en utilisant les faux papiers dont il se servait pendant la Résistance.

2. Miguel Vera fils écrit le 26 mars 2006.

Le soir, à l'heure du souper, je vécus une épreuve qui restera présente dans mon esprit toute ma vie. Flora nous servit une belle assiette de soupe de légumes passés à la moulinette avec beaucoup de fromage râpé. Ça aussi, c'était la première fois que nous le voyions. Quelle chose bizarre cela était pour nous, habitués à des fritures et des salades à l'huile d'olive. Flora était à côté de nous, attendant avec impatience le plaisir de nous voir nous régaler goulûment de sa bonne soupe. Mais pour moi, quel supplice, je n'arrivais pas à avaler la deuxième cuillerée. Pour gagner du temps, je remuais légèrement la soupe, mais ce geste faisait monter une forte odeur de fromage chaud, qui m'écœurait complètement. Pour échapper à cette odeur, je relevai la tête et me trouvai tout près du visage de Flora, qui me souriait et me parlait. Je ne comprenais pas les mots mais leur sens oui. Elle disait : « Que c'est bon ! Que c'est bon ! » Combien j'aurais voulu lui faire plaisir en mangeant sa soupe. Je réfléchissais et, en voyant ce beau visage plein de bonté qui me voulait tant de bien, je me dis que s'il disait que c'était bon, c'est que c'était vrai. Je fis un effort sur moi, énorme pour presque finir l'assiette. En moins d'une semaine, j'appris à aimer cette soupe avec beaucoup de fromage râpé. Après quelque temps, je l'adorai et je l'adore toujours. Bien que rarement, il m'arrive à présent d'emmener mes enfants ou petits-enfants manger à l'Auberge du Lyonnais. Pour moi, c'est un pèlerinage. L'établissement, qui garde toujours le même nom, est aujourd'hui un restaurant de luxe. Quand je m'y trouve, je suis du regard les serveurs et je suis étonné de voir qu'ils ne servent jamais de soupe de légumes passés à la moulinette avec beaucoup de fromage râpé.

Le deuxième jour, au milieu de la matinée, mon frère et moi avions le nez collé à la vitre de la salle du restaurant, regardant la neige sur les toits de la vieille ville. Soudain, Flora nous interpella et, en nous retournant, nous vîmes qu'elle était tout près de nous et nous tendait les deux mains. Je crus que c'était un jeu, mais en nous prenant par la main plus le geste de la tête, je compris qu'elle nous emmenait dehors. Pour la première fois, nous parcourûmes quelques rues d'Annecy. Et voilà qu'en nous tenant fermement par la main, elle nous fit entrer dans un local qui semblait être moitié magasin, moitié entrepôt. Elle s'entretint quelques instants avec la personne qui semblait être responsable des lieux. Celle-ci, à notre grande surprise, entreprit un vrai déballage de vêtements devant nous. Flora nous fit comprendre de choisir notre taille. Elle me tendit un pantalon de golf qui me serrait à la cheville et me paraissait lourd. Mon short, je le gardai dessous en guise de caleçons, puis j'essayai une chemise en laine et un pull-over. Pour les pieds, elle me fit enfiler de grosses chaussettes avant d'essayer des brodequins en cuir munis d'une semelle en bois avec des clous. Ce qui était curieux, c'était que presque tout ce que mon frère et moi essayions nous allait du premier coup. Peut-être est-ce parce que nous n'étions pas difficiles. Pour couvrir le tout, nous endossâmes un manteau bleu marine (c'est ma mère qui me dira plus tard le nom de la couleur), très beau avec de gros boutons métalliques, un manteau d'aviateur. Sur la tête, un bonnet très beau aussi, qui descendait de chaque côté du visage pour cacher les oreilles et se boutonnait sous le menton. Nous étions entrés dans le magasin en habit de plage et nous ressortions drapés pour affronter tous les froids du monde. Quel plaisir de savoir qu'il fait froid mais ne pas le sentir. Depuis ce jour, quand j'entends rouspéter : « Oh là là, quel pays ! Ici, il fait toujours froid », je réponds : « Ce n'est pas vrai, il suffit d'être bien habillé. »

Nous avons habité presque trois mois à l'Auberge du Lyonnais en attendant de trouver à nous loger. Quelle chance pour moi d'avoir vécu avec des personnages comme Jean-Marie et Flora Saulnier.

La solidarité des résistants entre eux

Trouver un logement fut très difficile. Usant de toutes ses connaissances, mon père put accéder à une location en payant cinq ans d'avance, à Cran-Gevrier.

La mairie d'Annecy (le maire était un compagnon de la Résistance) lui octroya deux emplacements réservés pour la vente de glaces, au Pâquier. Nous nous installâmes donc à Cran-Gevrier, Sous-Aléry au 5 la rue du 11-Novembre. Il s'agissait d'un métier éprouvant, toute la famille travaillait quinze heures par jour pendant la saison des glaces. À cette époque, tout se faisait à la main. Même la turbine était actionnée avec une manivelle. La journée commençait à 6 heures du matin pour aller chercher les barres de glace rue Carnot, à Annecy. Ces barres pesaient 20 kg. On en transportait deux ou trois avec une remorque accrochée au vélo. Ces pains de glace, cassés en petits morceaux à l'aide d'un marteau et recouverts de sel, servaient à faire le froid pour la turbine et les marmites remplies de crème glacée. Ces marmites, entourées de morceaux de glaçons recouverts de sel, étaient disposées dans deux chariots, qu'on poussait depuis Sous-Aléry jusqu'au Pâquier, où étaient les emplacements pour la vente. Le soir, les glaçons, sous l'effet du sel, avaient complètement fondu. Pour que le chariot soit moins lourd au retour, cette eau, on la vidait dans une bouche d'égout. On rentrait vers minuit en poussant nos lourds chariots.

La plus grande difficulté était la distance entre notre logement, où l'on fabriquait les glaces, et les points de vente. Plusieurs kilomètres en poussant des chariots très lourds. Mon père se mit en quête d'un petit terrain pas trop loin du lac pour construire notre maison. À peine en eut-il parlé à ses amis les plus proches que le processus se mit en route. Le premier, Ernest Neyrinck, architecte, le dirigea vers un lotissement qui se faisait vers le petit port à 200 m du lac à Annecy-le-Vieux. Mon père vit là le lieu idéal pour construire la maison et imaginait déjà la réalisation d'un laboratoire pour la fabrication des glaces.

C'est à ce moment que mon père put constater les sentiments très forts d'amitié que des résistants avaient pour lui. Ernest Neyrinck entreprit toutes les démarches administratives : viabilité du terrain, permis de construire et, bien sûr, réalisation des plans pour la maison. Tout ça amicalement offert. De la même façon, Georges Volland, notaire, agira pour tous les actes notariés et toutes les vérifications, études ou démarches autour du projet. Restait le plus gros point, le financement. Mon père réunit ses économies et ce qui manquait, qui d'autre pouvait l'apporter sinon Jean-Marie et Flora ? On leur remboursait une partie à la fin de chaque saison de glaces. C'est moi qui ai eu le plaisir de leur apporter le dernier remboursement, au moins dix ans après. À part certains travaux où, pour des raisons de manipulation, il faut être plusieurs, la maison, c'est mon père qui l'a construite tout seul. Il a mis trois ans pour qu'elle soit parfaitement habitable et fit les finitions une fois sur place.

La rue est sans issue, elle s'appelle rue des Muses, au Petit Port.

SIGLES

AS : Armée secrète, créée en 1942, regroupe des résistants français de toutes obédiences et origines. Cette structure de combat est issue des mouvements Combat, Libération sud, Francs-Tireurs. Cette structure sera surtout cantonnée au sud-est de la France : Isère, Lyonnais. En 1944, elle constituera les Forces françaises libres (FFI) avec l'organisation de la résistance de l'armée. L'Armée secrète fonctionne sur la base de sizaines, elles-mêmes regroupées en trentaines dont le premier objectif est de récupérer et de cacher des armes. En mars 1943, Albert Reynier devient chef départemental de l'AS, qui se rattache aux MUR (Mouvements unis de la Résistance) pour constituer un état-major plus important.

BCA : Bataillon de chasseurs alpins.

BCRA : Bureau Central de Renseignement et d'Actions. En mission pour le général de Gaulle.

CTE : Compagnie de travailleurs étrangers : 55 000 républicains espagnols ont été organisés en CTE. Près de 60 000 républicains espagnols seront auxiliaires de l'armée française (PME Prestataires militaires étrangers). 79 compagnies militaires de 250 hommes, chacune répartie en 5 sections, groupant près de 20 000 volontaires.

FFI : Forces françaises de l'intérieur. C'est le nom donné en 1944 à l'ensemble des groupements clandestins qui s'étaient constitués dans la France occupée (AS, FTP, ORA). Les FFI, placées en mars 1944 sous le commandement du général Koenig, jouèrent un rôle non négligeable dans la préparation du débarquement de juin 1944 et dans la libération du territoire français.

FFL : Forces françaises libres, nom donné aux forces ralliées à la France libre, composées des Forces aériennes françaises libres (FAFL) et des Forces navales françaises libres (FNFL). Ces forces étaient constituées de volontaires venant de tous horizons et refusant l'armistice signé par le gouvernement de Vichy.

FTP ou FTPF : Francs-tireurs et partisans (le F de français fera son apparition plus tard pour les distinguer des FTP-MOI composés d'étrangers) constitués le 28 mars 1942, à l'initiative du Parti communiste français, via le Front national ; un certain nombre de leurs cadres étaient des anciens des brigades internationales, combattants d'Espagne durant la guerre civile. Ils formaient une véritable armée populaire sous l'autorité de Charles Tillon. Marcel Prenant en fut le chef d'état-major. Ils furent intégrés aux FFI en 1944.

GMR : L'armistice de juin 1940, amenant une réduction considérable de l'armée, a rendu urgente la formation d'unités mobiles de police. Ces dernières furent créées par la loi du gouvernement de Vichy du 23 avril 1941 portant organisation des services de police en France. Le décret du 23 avril 1941 fixait les effectifs des « Groupes mobiles de réserve » pour la zone non occupée à : « 32 commandants de gardiens de la paix, 126 officiers de paix, 126 brigadiers-chefs, 504 brigadiers, 6048 gardiens de la paix, 32 brigadiers comptables, 63 gardiens de la paix secrétaires soit un effectif total de 6931. » Appelées Groupes mobiles ou Groupes de réserve, ces unités prirent leur appellation définitive de « Groupes mobiles de réserve » le 13 mai 1941. Elles pren-

dront de l'importance et, sous le nom de « Groupes spéciaux de protection », assureront bientôt la sécurité des déplacements de Pierre Laval. Les premiers Groupes mobiles de réserve furent créés dans les grandes villes du Sud : Marseille, Toulouse, Bordeaux, Perpignan, Carcassonne.
La plus connue des opérations menées par eux, sous les ordres d'un ancien officier de gendarmerie nommé intendant de police Lelay, est sans doute celle du plateau des Glières.

GPRF : Gouvernement provisoire de la République française. Créé à Alger le 3 juin 1944, succède au CFLN. Présidé par de Gaulle, il s'installe dans un premier temps à Alger. Après le débarquement allié en Normandie, et avec l'avancée des Alliés en France, le GPRF s'installe le 31 août 1944 à Paris. Le 9 septembre y entrent des personnalités de la Résistance intérieure. Reconnu officiellement par les Alliés comme le gouvernement de la France, ce gouvernement provisoire se fixe comme objectifs de juger les collaborateurs, de démarrer la reconstruction de la France et de rétablir le fonctionnement de l'État et la démocratie en France. Le GPRF met ainsi en application des réformes importantes à l'image du droit de vote accordé aux femmes.

JOC : Jeunesse ouvrière chrétienne.

MUR : Mouvements unis de Résistance, formés pour la zone Sud le 26 janvier 1943, sous l'impulsion de Jean Moulin, porte-parole de De Gaulle sur le territoire français, par la réunification des mouvements Combat, le Coq enchaîné, l'AS, Libération-Sud et Franc-Tireurs, rejoints le 29 décembre 1943 par ceux de la zone Nord : Nord-Défense de la France et Voix du Nord. Tous ensemble, ils constitueront le Mouvement de libération nationale (MNL).

QG : Quartier général.

SAP : Service atterrissage et parachutage.

SOE : le *Special Operations Executive* était un service secret britannique formé en juillet 1940, peu après la défaite de la France, pour encourager la résistance des populations civiles dans l'Europe occupée par les nazis et promouvoir le sabotage et la subversion. La formation du SOE fut inspirée par Winston Churchill, qui lui apporta un soutien continu jusqu'à sa dissolution en 1946, après que sa mission eut été accomplie. L'état-major du SOE était situé à Londres, dans Baker Street. Les opérations du SOE en France étaient dirigées par deux sections territoriales basées à Londres : la Section F, sous contrôle britannique et strictement apolitique, et la Section RF, qui était en rapport avec le quartier général des Français libres du général de Gaulle.

SOL : Joseph Darnand créa le Service d'ordre légionnaire, organisation de choc.
Le SOL prônait le culte du chef, la haine de la démocratie. Plusieurs chefs et militants des SOL se livrèrent alors à des actions brutales contre les adversaires réels ou supposés du régime, qui ne pouvaient se défendre, et déclenchèrent une vague de délations qui n'épargnait pas même les autorités civiles ou religieuses de l'État français. Le commandement national du SOL fut attribué à Darnand et installé à Vichy. Mais Darnand y affichait des positions ouvertement collaborationnistes, adoptées sous l'influence de Pétain, dont il prenait à la lettre les déclarations et dont il ne cessa jamais de recevoir le soutien. Ainsi était-il passé avec éclat du patriotisme à la trahison, choquant les autres dirigeants de la Légion et des Chantiers de Jeunesse, qui voulaient bien eux aussi « collaborer », mais avec plus de tact, et entre gens convenables. Aussi l'autonomie du SOL fut-elle décidée, autant pour écarter de la Légion ses énergumènes les plus compromettants que pour permettre à Darnand et à ses hommes d'agir à leur basse manière.

STO : Service du travail obligatoire, créé par Vichy à partir du 4 septembre 1942 après bien des atermoiements et des rappels à l'ordre du régime nazi. La loi est promulguée en février 1943 et, à partir de ce moment, La Relève, la chasse aux réfractaires s'intensifie. Le 16 février 1943, création du STO. Tous les jeunes gens âgés de 20 à 22 ans pouvaient être envoyés de force en Allemagne. En juin 1943, Sauckel (responsable nazi de l'emploi et de la main-d'œuvre) réclamera 220 000 hommes, puis, en août 1943, 500 000. Plus tard, il en exigera 1 000 000. La France est le pays qui a fourni la main-d'œuvre la plus importante à l'économie de guerre du IIIe Reich : 400 000 travailleurs volontaires, 650 000 requis au titre du STO et près de 1 000 000 de prisonniers de guerre et 1 000 000 de travailleurs employés par les entreprises françaises produisant exclusivement pour l'Allemagne. Au total, environ 3 000 000 de personnes ont travaillé pour l'Allemagne. Les requis du STO étaient payés. À la Libération, ils réclameront le titre de « déportés du travail ». Le STO a poussé un grand nombre de jeunes à rejoindre les maquis. Cependant, certains ont choisi de s'engager dans la Milice ou dans la Légion des volontaires Français (LVF) créée en 1941 pour lutter contre le bolchevisme.

UNE : Unión Nacional Española créée par le Parti communiste espagnol. À la fin de l'occupation de la France, les maquisards espagnols, à l'appel de la Unión Nacional Española, sous l'égide de l'Agrupación de Guerrilleros Españoles (AGE), se lancent dans une guerre de libération de l'Espagne et pénètrent au val d'Aran le 19 octobre 1944 ; à la suite d'une contre-attaque massive de l'armée régulière, l'ordre de repli est donné onze jours plus tard.

Photos et documents

Le Conseil général de Haute-Savoie et ses archives historiques nous ont donné la permission d'utiliser les documents suivants :

Fonds Helfgott n° 1 B1– P 69. Fonds Glières n° 1 B1 – P 173
Fonds Helfgott n° 1 B1– P 122. Fonds Glières n° 1 B1 – P 178
Fonds Helfgott n° 1 B1– P 237. Fonds Glières n° 1 B1 – P 180
Fonds Helfgott n° 1 B1– P 364. Fonds Glières n° 1 B1 – P 209
Fonds Glières n° 1 B1 – P 303.

1. Plan du maquis du plateau des Glières.
2. André Malraux et son escadrille España.
3. Passage de la frontière.
4. Fiche de fausse identité de Miguel Vera (verso).
4bis. Fiche de fausse identité de Miguel Vera (recto).
5. Façade de l'Auberge du Lyonnais.
5bis. L'Auberge du Lyonnais, côté.
6. Flora Saulnier.
6bis. Le couple Saulnier.
7. Stèle en hommage à Richard Andrés.
8. Le commandant Miguel Vera.
9. Maquisards espagnols devant le chalet du Clu.
9bis. Même photo avec calque des noms.
10. Attestation manuscrite de Jean-Marie Saulnier.
10bis. Suite.
11. Maquisards espagnols en Haute-Savoie, dans la neige.

12. Présentation des armes du bataillon des Glières.
13. Escorte espagnole.
14. Une partie de la section « Ebro ».
14bis. Le calque avec les noms.
15. Défilé des résistants dans les rues d'Annecy en août 1944.
15bis. Les noms.
16. Groupe de maquisards après la libération d'Annecy.
16bis. Les noms.
17. Groupe de rescapés des Glières.
17bis. Les noms.
18 et 19. Extrait du journal *Résistance savoisienne* du jeudi 2 août 1945.
20. Attestation du commandant Vera à M. Raymond.
21. Extrait d'un journal espagnol.
22. Carte de rescapé.
23. Monument aux morts du capitaine Anjot.
24. Monument aux morts « mort pour la France ».
25. Document attestation de Miguel Vera.
26. Attestation du chef de bataillon Clair à Miguel Vera.
27. Monument à Annecy.
28. Antonio Buesa avec Mme Alliot-Marie.
29. Lettre 1 Monument.
30. Lettre 2 Monument.
31. Lettre 3 Monument.
32. Lettre 4 Monument.
33. Discours du général Herrera.
34. Photo de l'ébauche du monument dans l'atelier du sculpteur.

BIBLIOGRAPHIE

Jean-Louis Crémieux-Brilhac : *La Bataille des Glières et la guerre psychologique*. Éditions Glières, 2004.

Jean-Louis Crémieux-Brilhac : *Un chapitre : l'engagement des Italiens et des Espagnols dans les armées françaises à l'ouvrage collectif : Exils et migrations Italiens et espagnols en France 1938-1946 de Denis Pechanski et Pierre Milza*. L'Harmattan, 1994.

Julien Helfgott, Pierre Golliet, Louis Jourdan : *Glières, première bataille de la Résistance*. Éditions Glières, 2004.

Claude Antoine : *Le Bataillon des Glières*. Éditions Cabedita, 1996.

Claude Antoine : *Les Diables bleus dans la neige*. Éditions La Peyronnie, 2004.

Michel Germain : *Glières-mars 1944*. Éditions La fontaine de Siloe, 2001.

Constant Paisant : *Combattants des Glières*. Le temps traverse, 1998.

Véronique et Pierre Salou Olivares : *Les républicains espagnols au camp nazi de Mauthausen*. Éditions Tirésias, 2005.

Discours de Malraux.

CD Rom :

La Résistance en Haute-Savoie. Conseil général de Haute-Savoie, AERI, direction Jacques Golliet, Michel Germain.

Filmographie :

Les feux de la nuit de Denis Chégaray.

Vivre libre ou mourir de Denis Chégaray, 2004.

Des publications du catalogue Tirésias

Les républicains espagnols à l'honneur

Vieux Compagnons dont la jeunesse est à la douane
Véronique Olivares Salou

Roman historique

Ces républicains, venus d'une Espagne misérable et laborieuse, ont traversé notre époque en usinant l'Histoire de notre monde de leur sang et de leur utopie. Au travers d'Angel et de Melchior, nous vivons la vérité universelle de ceux qui veulent vivre debout, libres et égaux. Du premier coup de feu de la guerre civile à une guerre mondiale plus tard, les combattants espagnols sont présents dans l'Histoire et sur le récit de la liberté.

Parution : 2006 — 550 pages — 14 x 22 — 28 €

Les républicains espagnols au camp nazi de Mauthausen, Le devoir collectif de survivre
Véronique et Pierre Salou Olivares

Préface de Michel Reynaud

Ouvrage en bilingue : espagnol/français

Témoignages écrits par des hommes sur leurs tragiques expériences concentrationnaires, dans la revue de la FEDIP *Hispania*. Ils livrent leur périple de la guerre civile à leur arrivée à Mauthausen et la noire légende des 186 marches, le camp de la mort lente, les brimades, le travail de forçat, la mort, l'extermination, la résistance pour la survie, la solidarité, la libération, le bonheur mêlé à la douleur de la perte des compagnons jusqu'au dernier jour…, mais il y a dans leur cri l'espoir et toujours la lutte. « Se souvenir » reste pour eux une façon de rester vigilant.

Parution : 2005 — 910 pages — 16 x 24 — 36 €

Ces femmes espagnoles de la résistance à la déportation (de Barcelone à Ravensbrück)
Neus Català

Préface de Geneviève de Gaulle Anthonioz.
Traduit de l'espagnol par Caroline Langlois (avec l'aide du CNL)

Pour la première fois, un livre rend hommage, 50 ans après, au combat de ces femmes espagnoles. Qu'on sache ici les combats de ces femmes espagnoles, de la guerre civile à la lutte contre l'occupant nazi en France, et à la défense de la dignité de la Femme dans les camps de la mort.

Parution : 1994 — 360 pages — 15 x 21 — 20,58 €

Le partisan espagnol, Mariano Constante

L'itinéraire d'un républicain espagnol de 1936 à 1945

Préface de Pierre Daix
Postface de Antonio Muñoz Molina

Il est des hommes pour qui s'engager est une histoire d'honneur, l'auteur est de ceux-là. Dés 16 ans, il rejoint les troupes républicaines en pleine guerre d'Espagne, il restera à son combat antifasciste, se confrontant à toutes les horreurs de l'exil puis du conflit mondial jusqu'au camp de Mauthausen où il restera jusqu'en 1945.

Parution : 2004 — 268 pages — 16 x 24 — 22 €

EXPOSITION

1930-1975, l'Espagne et ses républicains pour témoins

Notre propos est de raconter ce drame, non comme l'expression du seul événement espagnol, mais comme l'histoire commune à nos deux pays. Rappelons-nous l'année 1936, les premières offensives nationalistes en Espagne, le début du Front populaire en France… Nous voulons raviver la mémoire de ces immigrés « sans papiers », fuyant par milliers le fascisme de Franco comme un écho aux problématiques actuelles d'exclusion. Nous disons la guerre civile et le contexte qui l'a précédée, de la monarchie à la proclamation de la 2e République, puis la *Retirada*, l'exil de 500 000 personnes pour la France début 1939. Nous évoquons la lutte contre le nazisme et l'importance du rôle joué par les volontaires espagnols dans la Résistance, la *Nueve*, colonne espagnole, la première à entrer dans Paris. Nous montrons, enfin, la déception de ces combattants espagnols qui croyaient déloger Franco, ainsi que leur vécu et leur assimilation en France après 1945.Cette exposition se propose de restituer une mémoire enfouie et donne le désir de savoir, de comprendre et de transmettre. [15 panneaux].

Dans la Collection « Elles et Eux »

Elles et Eux et la déportation

Caroline Langlois et Michel Reynaud

Elles et Eux, déporté(e)s, parlent ou essayent d'expliquer tant bien que mal « avec leurs mots » l'après, le retour et leur engagement dans la société civile ou politique. Ils nous communiquent leur changement de route après ce qu'ils nomment « l'enfer ». Tous ont un idéal à vivre et sont toujours dans des combats d'humanité et de mémoire. C'est leur voix qu'ils nous offrent et leur espoir dans l'homme.

Participants : Jean-Claude Passerat-Palmbach, Marie-José Chombart de Lauwe, Stéphane Hessel, Yves Béon, Pierre Fourmentraux, Pierre Sudreau, Denise Toros-Marter, Boris Taslitzky, Jacqueline Péry d'Alincourt, Pierre Saint-Macary, Jean Bezaut, Lise London, Pierre Serge Choumoff, Henri Bulawko, Gisèle Guillemot, Claude Meyroune, Francine Christophe, Louis Rivière, Neus Català, Micheline Voiturier, Marcel Petit, Paulette Lechevallier, Pierre Billaux, Guy Ducoloné, Isabelle Choko, Pierrette Brochay-Rossi, Gaston Viens, Jackie Brun, Paul Le Goupil, Eva Tichauer, Robert Créange.

Parution : 2005 452 pages 16 x 24 24 €

Dans la Collection « Ces Oubliés de l'Histoire »

Femmes en prison dans la nuit noire de l'occupation : le dépôt, la petite Roquette, le camp des Tourelles

France Hamelin

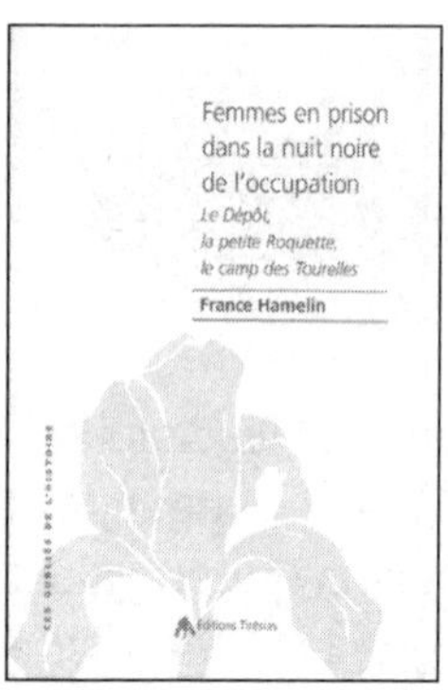

Ce livre, écrit par une résistante de la première heure qui vient de nous quitter, appartient à notre mémoire collective. France Hamelin parle de la vie quotidienne de ces femmes issues de la Résistance, de ces étrangères aussi qui combattent pour la France et qui, ensemble, luttent et résistent dans les conditions effroyables de leur détention. Elle parle certes de la fraternité, de la création, mais aussi des relations souvent violentes avec les gardiennes religieuses, les détenues prostituées ou de « droit commun ». Ces pages sont une ode à la femme dont le rôle et la lutte pendant cette période ont été trop souvent oubliés sinon négligés.

Parution : 2004 372 pages 16 x 24 24 €

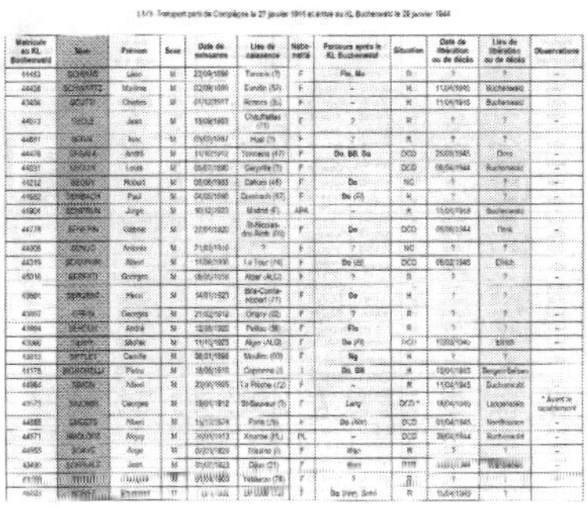

Le LIVRE-MEMORIAL des déportés de France, victimes de mesures de répression, réalisé par la Fondation pour la Mémoire de la Déportation poursuit deux objectifs fondamentaux. La Fondation approfondit la connaissance de la déportation et fait œuvre de mémoire. Plus de 86 827 noms ont été répertoriés, dont, pour la première fois, les Tsiganes, les républicains espagnols, les homosexuels… Peut-être aussi ressurgiront ces noms de disparus parmi les ombres du système concentrationnaire, qui ultérieurement permettront encore de compléter ces listes. Ces hommes et ces femmes touchés par la répression et la persécution ont été déportés pour leurs activités, leurs sentiments ou leurs propos jugés hostiles ou dangereux pour l'occupant et ses collaborateurs. ***Le Monde***, à la une du 17 novembre 2004, titrera : « 1940-1945 : la liste des victimes politiques de la déportation : le Livre-Mémorial est le résultat de sept années de travail, comble une lacune historique et dresse une liste de 86 827 noms. » Vu au Grand journal de LCI… (Ouvrage en 4 tomes)

Parution : 2004 548 pages 24 x 19 140 €

GERMAINE TILLION FÊTERA SES 100 ANS LE 30 MAI 2007

Les ennemis complémentaires - guerre d'Algérie

Germaine Tillion

Préface de Jean Daniel

C'est une analyse pertinente sur les rapports contradictoires qu'ont entretenus la France et l'Algérie. Nous voyons au travers de ces pages l'engagement et l'humanisme de l'auteur qui s'oppose à l'injustice, à la torture et aux exécutions capitales. C'est une femme d'honneur que nous redécouvrons dans ces instants tragiques. Cet ouvrage couvre essentiellement la période 1945-1962, il traite du colonialisme mais aussi de la démocratie, des événements de Sétif, de la falsification des élections de 1948, du 1er novembre 1954. Elle décortique le terrorisme du FLN, le terrorisme français, la capitulation de l'État français.

Parution : 2005 396 pages 16 x 24 25 €

Vous pouvez contacter les Editions Tirésias

Tél. 01 42 23 47 27 - Port. 06 86 26 73 20

Mél : editions.tiresias@club-internet.fr

Site : www.editions-tiresias.com

« Tirésias, le devin, accepta certains sacrifices, notamment la cécité, au prix de la vérité. Ni l'enfer ni le silence ne lui firent peur ni taire. Son choix lui apporta l'éternité. Telle est ma volonté, tant au travers de l'authenticité historique que de la littérature. Peu importent le prix et le risque, le silence n'aura pas de place chez Tirésias et nous serons le vecteur de la Mémoire. »

Michel Reynaud, éditeur.

editions.tiresias@club-internet.fr

Membres d'honneur des Amis de Tirésias : Lucie Aubrac (†), Marie-José Chombart de Lauwe, Christine Levisse-Touzé, Mme Salah Ould Aoudia, Madeleine Riffaud, Marie-Claire Scamaroni (†), Germaine Tillion, Hélène Viannay (†), Raymond Aubrac, Jean-Louis Crémieux-Brilhac, Guy Ducoloné, Pierre Sudreau, Pierre Vidal-Naquet (†), Dr Jacques Azérad...

Pour contacter les Amis de Tirésias :
Tél. 06 79 37 78 62

Achevé d'imprimer sur les presses de
l'imprimerie France Quercy - 46090 Mercuès
N° d'impression : 71152
Dépôt légal : mai 2007

Imprimé en France